EL NIDO DE LA VÍBORA

PETER LERANGIS

A los maravillosos lectores, bibliotecarios
y profesores que he conocido,
y conoceré, gracias a esta serie.

P. L.

DESTINO INFANTIL Y JUVENIL, 2012
infoinfantilyjuvenil@planeta.es
www.planetadelibrosinfantilyjuvenil.com
www.planetadelibros.com
Editado por Editorial Planeta, S. A.

Título original: *The Viper's Nest*
© Scholastic Inc, 2010
© *The Viper's Nest*, Scholastic Inc. Todos los derechos reservados.
La serie THE 39 CLUES está publicada en acuerdo con Scholastic Inc., 557 Broadway,
Nueva York, NY 10012, EE. UU.
THE 39 CLUES y los logos que aparecen en ella son marca registrada de Scholastic, Inc.

© de la traducción: Zintia Costas Domínguez, 2011
© Editorial Planeta, S. A., 2012
Avda. Diagonal, 662-664, 08034 Barcelona
Primera edición: mayo de 2012
ISBN: 978-84-08-10873-3
Depósito legal: B. 11.086-2012
Impreso por Huertas Industrias Gráficas, S. A.
Impreso en España – Printed in Spain

El papel utilizado para la impresión de este libro es cien por cien libre de cloro
y está calificado como papel ecológico.

CAPÍTULO 1

Amy no creía en los presagios. Sin embargo, ante sus ojos estaba cayendo nieve negra, la tierra temblaba bajo sus pies, su hermano no dejaba de maullar y su tío Alistair saltaba de un lado a otro en medio de la playa con un pijama rosa.

Tenía que admitir que las señales no eran nada prometedoras.

—¡Barco a la vista! —gritó Alistair mirando el mar de Java, con las manos en la boca en forma de megáfono—. ¡Ven a rescatarnos, Nella!

A Amy le cayó algo oscuro en la cara. Ceniza.

¿Serían restos del incendio de la noche anterior?

«No pienses en eso. Ahora no.»

Algo más allá, en el mar, el ruido distante de un motor se iba acercando a ellos. En una pequeña lancha, dirigiéndose a toda velocidad hacia la pequeña isla indonesia donde estaban atrapados, Nella Rossi, la niñera de Amy y Dan, acudía a recogerlos. En la sobrecogedora oscuridad de la mañana, el cielo y el agua se fusionaban en una pared azul grisácea y el pequeño barco parecía flotar en el aire.

—¡Miau! —imitó Dan.

—¿Qué estás haciendo? —preguntó Amy.

—Imito a un mau egipcio —respondió el muchacho, exasperado, como si lo que acababa de decir fuese obvio y tuviese sentido—. *Saladin* odia el agua, pero si escucha a otro mau, tal vez salga a la cubierta con Nella. ¡Así podremos verlo! ¿O es que no lo echas de menos?

Amy suspiró.

—Claro que lo extraño. Aunque después de lo de anoche... a ver, yo también adoro a *Saladin*, pero si te soy sincera, no es que haya pensado mucho en él últimamente.

Se oyó el rugido distante de un trueno. Cuando Amy levantó la mirada hacia el mar, los ojos le escocían. Una lágrima resbalaba por su cara limpiando el hollín a su paso. ¿Cómo podía seguir flotando en el aire tanta ceniza del incendio de una simple casa, de un incendio que se había extinguido hacía horas? Era tan sólo una casa... Un lugar en el que Dan, Alistair y ella misma se habrían carbonizado si no fuera por...

«No pienses en ella. Piensa en cosas normales: mantequilla de cacahuete, los deberes, la tele, *Saladin*...»

Aun así, las imágenes de la noche anterior se le aparecían constantemente en la cabeza. Las llamas subiendo por las paredes... La expresión del rostro de Dan, que parecía un bebé asustado... Alistair chillándoles... Aquel grito procedente de la ventana, la voz de la última persona a la que querían ver: la mujer que había intentado asesinarlos en Rusia.

«Anoche creíste que trataba de quemaros vivos, pero te equivocabas. No había sido Irina.»

Era Isabel Kabra quien estaba detrás de todo. Isabel había quemado su casa de Massachusetts años atrás, un incendio del que los padres de Amy y Dan no habían logrado escapar. Y ahora quería rematar el trabajo. Era una asesina, una máquina Lucian de matar ataviada con perlas y perfume.

Hasta esa noche, Isabel era una de las dos personas a las que Amy más temía.

La otra era la mujer rubia que los había llamado desde debajo de la cornisa.

Si el día anterior le hubieran pedido a Amy que enumerase las predicciones que no se harían realidad ni en un millón de años, al principio de la lista, junto a «El mundo se convertirá en queso» y «Mi hermano Dan dirá que me quiere», se encontraría también ésta:

«Irina Spasky sacrificará su vida para salvarnos... a nosotros».

Y, sin embargo, Irina había saltado a lo alto del tejado, en el corazón del incendio, con una rama entre las manos, y la había sujetado frente a la ventana en la que ellos estaban para que pudiesen deslizarse por ella y ponerse a salvo. Después, había desaparecido en el fuego, ante los ojos de Amy. ¿Por qué?

¿Cómo podía cambiar tantísimo una persona?

—Tierra llamando a Amy —dijo Dan—. ¿Entiendes lo que dice Nella?

«Deja de pensar.»

Los pensamientos de Amy se esfumaron con el humo del aire. Allá, en mar abierto, Nella les hacía gestos frenéticamente. A su espalda, unas nubes bajas comenzaban a cubrir el oscuro cielo. No era buena señal.

—Nuestra querida muchacha parece asustada —opinó Alistair.

—Se avecina una tormenta —anunció Amy.

—Igual es por tu pijama, tío Alistair —sugirió Dan—. Da un poco de miedo.

Alistair miró hacia abajo. Su ropa de seda estaba harapienta y llena de hollín del incendio.

—Oh, vaya... ¿Podríais disculparme un momento mientras me cambio?

Ahora, Nella señalaba algo más allá de la isla, hacia Rakata. Amy se quedó petrificada. En 1883, el volcán Krakatoa había entrado en erupción precisamente allí, y era uno de los peores desastres naturales documentados de la historia.

Amy recordó las palabras del piloto del barco que los había llevado allí.

—Esto no tiene muy buena pinta hoy... Está muy activo.

Sintió las cenizas en su mejilla y entonces se dio cuenta. Levantó sus ennegrecidas manos en señal de preocupación. La tormenta no era lo único que preocupaba a Nella.

—Cre... creo que está tratando de decirnos algo sobre el volcán —explicó la joven.

A Dan se le iluminaron los ojos.

—¡Genial! ¿Tú crees que pasará como en Pompeya? O sea que, eh... estoy limpiando la cocina, tan tranquilo, y de repente... ¡zas!, ¡lavificado!

—No es para tomárselo a broma, Dan —replicó Amy—. Para tu información, la última vez que el volcán entró en erupción se produjeron maremotos a lo largo y ancho de todos los mares del Sur. Murieron treinta y seis mil personas.

Dan respiró profundamente.

—Vale, vale, Amy, tranquilicémonos. Nella ya casi ha llegado. En unos pocos minutos estaremos de vuelta y abrazados a *Saladin*, todo volverá a la normalidad...

—¿Y adónde vamos ahora, Dan? —preguntó Amy—. No tenemos ningún indicio. Aunque consigamos salir de aquí, ni siquiera podemos volver a Boston. Los Servicios Sociales nos llevarían de nuevo con la tía Beatrice.

Dan echó un vistazo hacia el lugar por donde Alistair había desaparecido.

—Seguro que él sabe adónde tenemos que ir ahora.

—Estupendo. Cuando termine de arreglarse, se lo preguntamos —respondió la muchacha—. ¿Por casualidad no tendrás un buen detector de mentiras a mano? De todas formas, ¿adónde ha ido?

Por su propia experiencia, Amy sabía que Alistair era el no va más de la fiabilidad... De repente entraba en tu vida, se convertía en tu mayor protector y mejor amigo, e inmediatamente después te traicionaba y te dejaba con las ganas de darle una buena paliza.

¿Adónde habría ido a cambiarse de ropa? ¿Tendría un escondite secreto? ¿Iba a desaparecer ahora, tal como había hecho en aquella cueva en Seúl?

Los Ekaterina llevaban años buscando las pistas, igual que las otras ramas Cahill: los Tomas, los Lucian y los Janus. Todos ellos tenían dinero y experiencia y estaban dispuestos a matar si era necesario. Así que, en el seno de su propia familia, ellos eran los raros. Había sido la abuela Grace Cahill quien había organizado la competición. Ella había invitado a una selección de familiares Cahill a sumarse a una extraña caza. El objetivo era reunir las 39 pistas que los conducirían al mayor poder jamás conocido. Aunque en su testamento también les dejaba la opción de abandonar la búsqueda: podrían haber escogido quedarse con un millón de dólares y olvidarse de las pistas.

La elección podría parecer sencilla. Sin embargo, Grace hubiera querido que fueran ellos, sus nietos, quienes encontrasen las pistas, y Amy no consideraba la opción de defraudar a su abuela. Por otro lado, Dan no consideraba la opción de abandonar la lucha por el poder supremo. Después estaba también lo de tener que seguir el rastro de sus famosos ancestros, como Mozart y Ben Franklin. Así que allí estaban ellos, cuatro continentes y seis pistas después: una niña de catorce años, su hermano pequeño de once y su niñera, cuya formación como espía incluía principalmente la descarga de canciones de música punk y el control del dolor mientras le hacían tatuajes.

En la búsqueda de las 39 pistas, lo anormal pasaba a ser en seguida normal.

Una vez más, la voz de Nella atravesó el aire. Ahora estaba más cerca, y el ruido del motor de la lancha se había suavizado, pues se estaba preparando para atracar. Ahora sus gritos se oían claros como el agua.

—¡POLICÍA! —exclamó, con los brazos en alto—. ¡POLICÍA!

—¿Van a arrestar al volcán? —preguntó Dan.

—¡Despierta, Dan! —lo regañó ella, agarrándolo del brazo y dirigiéndose hacia donde había desaparecido Alistair—. Ha habido un incendio y alguien ha muerto en él. ¡La policía suele investigar este tipo de cosas! ¡Tío Alistair! ¡La policía viene detrás de Nella!

Alistair salió de un bosquecillo próximo vestido con un traje de seda gris perfectamente planchado, una camisa amarilla recién lavada y un bombín ligeramente inclinado. Su cara cambió completamente al escuchar a Nella.

—Isabel... —murmuró—. Probablemente le haya dicho a la policía que nosotros somos los culpables. Ése es su modus operandi.

Dan suspiró.

—En cuanto creo que te estoy entendiendo a la perfección, me sales siempre con esas palabrillas tan cultas y... ¡paf!, me pierdo del todo.

Gentilmente, Alistair colocó la punta de su bastón sobre el pie de Dan, clavando al muchacho en su sitio, y se inclinó hacia su sobrino.

—Sé lo que estás tratando de hacer. Crees que el humor aligerará nuestra carga, pero algunas cosas no tienen un lado más ligero... Como que te metan en una cárcel de Yakarta. Porque es ahí donde acabaremos, jovencito.

CAPÍTULO 2

—¡Eh, estrella del rock, deja de saltar! —La lancha cortaba el agua a toda velocidad. Su conductor gritó una frase cuyas palabras no tenían ningún sentido, o eso le pareció a Amy.

—¡La estrella del rock tiene prisa! —respondió Nella, con un pie en la borda del barco.

El patrón amarró la lancha al lado de un viejo barco pesquero y Nella saltó a una de las húmedas tablas. Llevaba un chaleco vaquero negro, pantalones cortos, calcetines a rayas hasta la rodilla, zapatillas rojas sin cordones y una camiseta de los Teleñecos. Su habitual pelo bicolor esta vez no estaba de punta, sino que lo llevaba pegado a la cabeza, lo que le daba un aspecto de mofeta mojada al verla desde lejos. Echó a correr hacia Amy y Dan. *Saladin* salió tras ella.

—¡Por fin, chicos! —exclamó la niñera—. ¡Estáis bien! ¡Qué ganas tenía de veros!

—¡*Saladin*! —gritó Dan, corriendo hacia el minino.

—¿*Saladin*? ¿Y yo qué soy? ¿Un cero a la izquierda? —Nella abrió los brazos mientras se acercaba a ellos y dio un fuerte apretón a Dan y *Saladin*—. Está bien, escuchad, chicos. Tenemos que reservar alojamiento. Ayer, cuando descubrí que... bueno, que os habíais ido sin avisar, me puse de los nervios.

Empecé a gritarle a todo el mundo: «¿Dónde están? ¿Adónde han ido? ¿Por qué les han dejado marchar?», y a la gente del hotel no le gustó nada. En fin, que recogí vuestras cosas porque imaginaba que no volveríamos por allí y luego, una vez abajo, en el vestíbulo, encontré a mi salvador: Arif. Le pedí ayuda y él llevó todas nuestras cosas a este barco... Pero cuando ya estábamos en medio del mar, recibimos un mensaje por radio y Arif se puso nerviosísimo... aunque claro, yo no sabía qué estaba pasando hasta que oí la palabra «¡policía!». Entonces vimos todos esos coches policiales y un enorme barco, así que dijimos: *«sayonara!»*, sólo que en indonesio, y nos metimos en este atasco de barcos para ver si así los perdíamos. Vengo escuchando la radio y, como a veces dicen las cosas en varios idiomas, me he enterado de que saben lo del incendio y que alguien ha muerto... así que ahora ya he perdido los papeles completamente... ¿Por qué lo habéis hecho, eh? ¿Por qué me habéis dejado en el hotel sin una nota ni nada?

—Lo siento —se disculpó Dan—, es que estabas durmiendo y...

Miró rápidamente a su hermana. Desde que eran niños, siempre habían sido capaces de comunicarse con tan sólo una mirada, y en silencio, Amy le dijo todo lo que pudo:

—... además, Nella, vimos que alguien te envía mensajes codificados. Y escuchamos aquel mensaje en el contestador de tu móvil en Rusia, en el que te pedían un «informe de estado»... Luego, descubrimos que sabes pilotar aviones... y aunque no nos gusta ser paranoicos, si algo hemos aprendido de toda esta historia es que no podemos confiar en nadie.

—¡Vaya! ¿También hacen esto delante de ti, Al? —preguntó Nella, lanzando una enorme mochila a Amy y otra a Dan—. ¡Dos mentes en una!

Alistair parecía desconcertado.

—Perdona, preguntas si ellos... ¿qué?

Nella entregó el trasportín de *Saladin* a Arif. Se agarró a los brazos de los dos hombres y se dirigió al bosque.

—No os preocupéis por nosotros, niños. Estaremos escondidos entre los árboles. Enviadnos mensajes telepáticos desde la cárcel. Y, por favor, incluid una explicación de por qué habéis traicionado a vuestra leal niñera.

—¡Esperad! ¡Nosotros también vamos! —dijo Dan, que se puso la mochila a la espalda y echó a correr tras ellos—. ¡Y eres nuestra cuidadora!

A medida que se aproximaban al bosque, Amy vio de refilón los restos de la casa, que aún ardían lentamente. Apartó la vista y siguió su camino, no quería verlo. Como tampoco quería pensar en Irina.

Irina no podría regresar de su viaje a la isla.

Con este pensamiento, la muchacha se detuvo en seco.

—¿Por qué no usamos el barco de pesca de Irina? —preguntó en voz alta—. La policía no lo reconocerá.

—Es demasiado pequeño —explicó Alistair—. Ese barco es el que usé yo para venir, no Irina.

—Entonces ¿cómo...? —preguntó Dan—. Tío Alistair, ¿hay más muelles en esta isla?

—Bueno, ahora que lo dices... —Alistair se detuvo, tratando de recuperar el aliento—. Hace muchos años encontré los restos de un diminuto barco en una cueva hacia el norte. ¿Por qué lo preguntas?

—¡Tal vez encontremos allí el navío que nos ayude a escapar! —respondió Amy, impaciente—. ¡Si Irina no amarró aquí su barco, tal vez lo hiciera en esa cueva!

—¡Brillante idea, mi querida niña! —exclamó Alistair.

—Se me ha ocurrido a mí —protestó Dan.

Soltándose de Nella, Alistair levantó su bastón y apuntó con confianza a un árbol distante.

—¿Veis esa marca amarilla en lo alto de aquel árbol? Es una marca guía. Si seguimos los árboles señalados con amarillo, llegaremos a la cueva. La pintura está bastante descolorida, así que debemos estar muy atentos. Yo abriré paso. —Se sacó la chaqueta y la colocó sobre su brazo izquierdo, que después estiró hacia Nella—. ¿Me echas una mano, muchacha?

Nella sujetó con firmeza el brazo de Alistair, que estaba envuelto en la chaqueta, y él comenzó a caminar de prisa, golpeando enredaderas y ramas con su bastón. Arif se puso en marcha tras él, murmurando algo. Poco después, de uno de los bolsillos de la chaqueta de Alistair empezó a caer el contenido.

—¡Se te está cayendo todo esto! —Dan recogió del suelo un cepillo, unos caramelos de menta, un pañuelo y una pequeña bolsa de fieltro azul en la que se podían leer unas letras del alfabeto cirílico.

»¡Vaya! ¿Es esto de Irina? —Dan abrió la bolsa y sacó de su interior un pequeño frasco que contenía un líquido azulado.

Alistair se volvió y se limpió la frente con la manga.

—Pues... la verdad es que vi algo en el suelo, anoche. Fuera de la casa. No estaba seguro de qué era, así que...

«Los venenos de Irina», pensó Amy.

Alistair recuperó el frasco y siguió su camino, guardando de nuevo la bolsa en su bolsillo. Se le veía muy tranquilo, como si todo aquello fuese de lo más normal.

«Pero ella... ha muerto. Estas cosas eran suyas. Eso es robar.»

Amy miró a Dan, pero él ya había echado a correr, siguiendo las marcas en los árboles.

—¡¿Dan?! —gritó Nella—. ¡Eh, Indiana Jones, si estás por ahí hazte oír para que sepamos que sigues vivo!

Se detuvieron, y en ese mismo instante el tenso silencio fue roto en pedazos por un chillido.

—¡AHHH! ¡FUERA DE AQUÍ, SERPIENTES!

Amy echó a correr hacia delante, pero se le enganchó el tobillo en una enredadera que la hizo caer sobre un arbusto y resbalar por una inclinada cuesta de arena.

Aterrizó en el barro, al final de la pendiente, gracias a Dan, que la frenó con sus sucias zapatillas. La miró a la cara, con una enorme sonrisa, apoyado sobre la proa de una enorme lancha motora de dos niveles.

—Yo la encontré primero.

Amy se levantó con dificultad.

—¡Pensé que te estaban atacando!

—Ah... Era sólo mi imitación de Indiana Jones. Soy bueno, ¿verdad?

Amy sonrió y lanzó a Dan de espaldas al agua.

—Ésta —dijo ella— es mi imitación de Darth Vader.

CAPÍTULO 3

Desde la cubierta, Dan miró el embravecido mar y pensó: «Aquel que es responsable del destino del mundo no devuelve su comida».

Se agarró con fuerza; se sentía como aquella vez que la tía Beatrice le había dejado subirse en las tazas de té del parque de atracciones después de haberse zampado tres paquetes de patatas fritas. El resultado no había sido muy agradable

El agitado mar sacudía el barco con fuerza. La lluvia había disminuido, así que la ceniza volcánica se expandía más fácilmente. Entre la niebla y la ceniza, Dan no podía ver la isla en la que casi se convierten en hermanos asados a fuego. Arif había logrado evitar a la policía pilotando la lancha a través de un canal que había encontrado detrás de la isla. Se había desviado luego hacia el sur y ahora seguían su camino rumbo a Yakarta. Bueno, en realidad iban botando hacia Yakarta. El viaje les tomaría unas tres horas. O sea, que serían tres largas horas de Radio Silencio entre Dan y su hermana. Amy estaba enfadada con él.

«Aquel que es responsable del destino del mundo no piensa en su hermana mientras intenta no devolver su comida.»

Normalmente, antes de contar hasta diez, Amy hubiera

empezado a parlotear sobre cualquier tema fascinante como el índice de crecimiento del lino en Uruguay. Pero este enfado era distinto. Era peliagudo. Esta vez, Amy estaba enojada con todo el mundo: Alistair, Nella y él mismo.

Aunque no la culpaba; todo era muy confuso, y Dan sabía que la confusión la disgustaba. Incluso su lema: «No os fiéis de nadie», les hacía desconfiar. Al principio Irina era mala, pero después pasó a ser buena. Nella era buena y ahora (tal vez), mala. Por no hablar de Alistair, que era un caso aparte. Además, no sabían adónde ir para continuar con la búsqueda. Y, por si fuera poco, el paseo en barco les provocaba náuseas.

«Respira hondo. Piensa en cosas alegres y divertidas.»

Esa estrategia le había ayudado en varias ocasiones. Nadie se reía de sus chistes, pero sólo sus tonterías conseguían aliviarlo de lo sucedido el día anterior, de los recuerdos de Irina.

No podía dejar de oír sus últimas palabras: «Todo queda en vuestras manos, las tuyas y las de Dan», ni conseguía dejar de ver su cara. Emergía de las aguas y observaba las nubes de tormenta, llorando en el viento.

Sintió un cosquilleo en el tobillo.

—¡Ah! —exclamó, dando un salto hacia atrás.

—¿Miau? —maulló *Saladin*, que parecía tan confuso como el propio Dan.

—No pretendía asustarte, renacuajo —dijo el muchacho, cogiendo el gato en brazos. Sintió el corazón del animal latiendo contra su propio pecho—. ¿Cómo lo haces? ¿Cómo consigues que me sienta mejor tan rápido? Yo intento que todos se sientan bien, pero sólo consigo que se enfaden. Contigo, es como si todo fuese una situación normal.

Dan sonrió. La expresión «situación normal» era de su padre... una de las pocas cosas que aún recordaba.

—Amigo, hay alguien a quien quiero que conozcas —añadió Dan, mientras sacaba del bolsillo el viejo pasaporte australiano de su padre. Tenía un ligero olor a humedad, medio dulce. Dan creía que se debía a la colonia de su padre, pero Amy decía que era el olor del papel. Abrió las cubiertas azules del documento y leyó el nombre falso escrito debajo de la fotografía: «Roger Nudelman». Papá había ocultado su identidad, probablemente para despistar a sus rivales en la caza de las pistas. Aun así, el nombre sonaba tan tonto que siempre le hacía sonreír.

—¡Di «hola, Rog»! —exclamó en voz baja—. Él también era un bromista, *Saladin*. Lo sé. Era como yo. Es una tradición familiar.

El barco se elevó bruscamente sobre una ola y descendió de golpe. Comenzaba a llover de nuevo, así que Dan volvió a guardarse el pasaporte en el bolsillo.

Un potente trueno resonó en la nave y las nubes comenzaron a descargar con más fuerza.

Asustado, Dan se encogió. *Saladin* saltó de su regazo y se cobijó en una pequeña cabina acristalada. El muchacho fue detrás de él; la lluvia era tan intensa que apenas podía respirar.

—*Ya, saya mendengar mereka* —dijo el patrón, Arif, que gritaba por un teléfono móvil mientras llevaba el timón. Se volvió hacia él rápidamente—. ¡No entréis!

—Eh... ¿lluvia? —dijo Dan, señalando hacia fuera—. ¿Mojarme? —Movió la cabeza salpicando agua sobre el suelo—. ¿Toallas?

Arif siguió hablando por teléfono en indonesio y al poco señaló un baúl de madera con bisagras que estaba contra la pared del fondo de la cabina.

Saladin ya estaba rascando algo en el espacio que había entre el arca y la pared. Se las había arreglado para encontrar una pequeña lata ovalada. Un olor a pescado rancio le entró por la nariz y Dan sintió que se le revolvía el estómago. Cuando *Saladin* comenzó a comer el contenido viscoso, Dan pudo ver la etiqueta del envase: «Caviar de Sevruga ruso auténtico».

«La comida de Irina.

»¿Por qué será que a los rusos les gustan estas cosas tan repugnantes?

»Respira, espira...

»No vas a vomitar.»

Dan abrió el baúl y encontró en su interior una pila de toallas blancas, junto a varios albornoces, sábanas y libretas. Sacó un paño y vio algo que lo dejó helado. Junto a la pila había un bolso de bandolera con las letras INS grabadas en él.

«Irina N. Spasky.»

Dan lo sacó y, con cuidado, cerró el baúl.

La puerta de la cabina se abrió de repente, sobresaltando a Arif. Amy entró violentamente, mojada de arriba abajo y con un gesto de enfado.

—¡Así que estabas aquí! Pensaba que habías vomitado hasta la última papilla y que te habías caído por la borda.

Dan miró a Arif de reojo y se escondió el bolso bajo el brazo. Se llevó a Amy afuera y se resguardaron de la lluvia bajo un saliente del tejado.

—Antes de que me sigas echando piropos, mira esto —dijo Dan.

Amy dio un grito ahogado al ver el bolso.

—¡Es de Irina!

Dan lo abrió y echó un vistazo al contenido: algo de maquillaje, un anteojo con forma de pintalabios, unos frascos sospechosos, un cuaderno de cuero...

—¿Qué es esto? —preguntó Amy, sacando una delgada cartera de piel. En su interior había un puñado de tarjetas sujetas entre sí con una goma elástica. Las sacó apresuradamente y comenzó a ojearlas. La primera de todas la hizo estremecer: era su propia tarjeta de la seguridad social de Estados Unidos.

Después de ésa aparecieron copias de las tarjetas de la escuela de Ian y de Natalie, un documento de identidad de cada uno de los Holt, una tarjeta de visita de Burrit-Oh!, con la foto de un Alistair mucho más joven...

—Dan, esto da mucho miedo. ¡Tenía una tarjeta de identificación de cada uno de los que participamos en la búsqueda!

Del fondo de la cartera sacó tres pequeñas bolsas de plástico con cierre de cremallera. Cada una de ellas contenía unos cuadrados delgados y transparentes que parecían portaobjetos de microscopio.

—¡Increíble!

Pero Dan estaba centrado en el cuaderno de cuero, en cuya portada había un enorme treinta y nueve.

—¡Mira esto! —dijo él, examinando una página llena de garabatos con números de teléfono, cálculos y notas en ruso.

Amy devolvió a su sitio el contenido de la cartera y la metió en su mochila.

—No entiendo ni una palabra de todo esto...

Continuó pasando páginas hasta llegar a la última, donde se detuvo.

Следующее место, 39 Ключи? От тетради RCH.
I'm with you and you're with me and so we are all together.

—Ya sabemos qué quiere decir el treinta y nueve —dijo Dan—. Parece que estaba reuniendo información sobre las pistas. Tal vez esto tenga relación con nuestro próximo destino. Quizá su intención fuese darnos todo esto... ¡para ayudarnos! Pero... ¿por qué estará en inglés? No lo entiendo.

A Amy se le llenaron los ojos de lágrimas.

—Estaba de nuestro lado, Dan. ¿No te parece injusto? ¿Por qué no nos lo dijo? ¿Estaba fingiendo que era mala o es que simplemente cambió de opinión?

Dan trató de sonreír.

—Típico de una Lucian, ¿verdad? Una granuja impredecible.

—¡No puedo creer que hayas dicho eso! —exclamó la joven, enfadada—. ¡Nos ha salvado la vida!

—¡Eh! —se defendió Dan—. Era una broma...

—Los Lucian son mentirosos —empezó a canturrear Amy en un tono burlón—, los Tomas desayunan cristales rotos, los Ekaterina son tan inteligentes que podrían fabricar un ordenador con la pelusa de sus ombligos, los Janus escriben novelas mientras duermen, bla, bla, bla... ¿Realmente crees que todo eso es verdad, Dan? Entonces ¿qué pasa con nosotros? No tenemos nada en común con esa gente, pero está claro que pertenecemos a una de las ramas.

Amy no estaba de buen humor. Necesitaba una dosis de relajación. Dan levantó a *Saladin* y lo giró hacia ella, mientras imitaba una voz de gato.

—¿Y a qué rama pertenezco yo, el valiente *Saladin*? —Dan comenzó a ronronear—. ¿E-gato-erina? ¿Ra-Tomas?

Amy se dio media vuelta y comenzó a caminar, como si no lo hubiera oído.

El barco volvió a elevarse sobre una enorme ola y Dan sintió que se le revolvía aún más el estómago. Las náuseas se reflejaban en su rostro y comenzó a tener arcadas.

—¡Aaaahhhh... AAAAGGGHHH... mete dos dedos en mi garganta, roba mi corazón y prueba así tu amor...! —Con su reproductor de música en las manos, Nella salía en ese momento por la trampilla y se dirigía hacia ellos, como una criatura confeccionada con partes de diferentes cadáveres,... realizando un movimiento que Amy y Dan reconocieron como un baile. Se sacó los cascos y levantó la cabeza hacia el cielo, dejando que la lluvia le cayese encima durante unos segundos—. ¡Vaya! ¡Esto es mucho mejor que una limpieza de cutis! —exclamó, corriendo hacia Dan y Amy para cobijarse bajo el tejadillo.

—También puedes quedarte un rato más —respondió Dan—, y disfrutar de un tratamiento de lava.

Nella sacudió la cabeza para escurrirse el pelo y se apoyó contra la pared.

—Chicos, ¿estáis bien? Allá abajo he tenido una larga charla con vuestro tío. Me ha contado todos los detalles. Lo que pasó anoche... lo que visteis... son demasiadas cosas para unos niños.

Dan asintió. Demasiadas cosas para cualquiera.

Amy deambulaba por allí, sin apenas notar la presencia de Nella.

—*I'm with you and you're with me and so we are all together...* —murmuró la muchacha, tratando de entender el sentido.

La niñera rompió a reír.

—¿Qué acabas de decir?

—Es una extraña nota que encontramos en... —explicó Dan.

—¡Basta! —le interrumpió Amy, volviéndose inesperadamente. Clavó la mirada en su hermano; la expresión de sus ojos era inconfundible: «No podemos contárselo. Ya no podemos fiarnos de ella».

Sin poder contenerse, Dan lanzó una mirada de respuesta a la muchacha: «Si no confiamos en Nella, ¿con quién viajaremos? ¿Quién conducirá y pagará la comida y los vuelos? ¿Cómo podrán arreglárselas dos menores de edad para viajar por el mundo completamente solos? ¡Tenemos que contárselo!».

Dan respiró profundamente y miró hacia otro lado, a pesar de que su hermana aún tenía la mirada clavada en él.

—Está bien. Hemos visto que tienes un montón de correos electrónicos protegidos con contraseña.

—¡Dan! —exclamó Amy, enfadada.

—Eran de alguien llamado «clashgrrl» —continuó Dan—. En la línea del asunto ponía «informe de estado» o algo así. También vimos un mensaje de texto que decía «No los pierdas de vista». Además, nos parece raro que alguien capaz de pilotar un avión tenga que trabajar de niñera.

—¿Qué? ¿Me habéis estado espiando?

—No ha sido exactamente así... —se defendió Amy.

Los truenos comenzaron a retumbar de nuevo. El barco comenzó a inclinarse. Dan, Amy y Nella se sujetaron a los postes metálicos que sostenían el tejadillo.

—¡Niñatos cotillas! —La niñera tuvo que alzar la voz para que la oyeran, ya que llovía intensamente—. Está bien, al menos sois honestos. ¿En serio queréis que os dé explicaciones? ¿Clashgrrl? Es una amiga del instituto. Nosotras... nos lo contamos todo. O sea, cosas que dos enanos chismosos no deberían saber. Además, es una experta informática, está completamente obsesionada. Siempre pone contraseñas en sus mensajes, da igual a quién se los mande. Y para vuestra información, cree que estoy en casa, en Estados Unidos. Eso de «no los pierdas de vista» se refiere a unos cedés de fotos que me dio para que su novio no los encontrase, por razones que no voy a explicaros. Muchas gracias por todo. Y si todavía no soy piloto, es porque mi padre está empeñado en que es una locura que lleve aviones comerciales antes de cumplir los veinticinco. Por eso tenéis la suerte de que esté aquí con vosotros. ¿Alguna otra pregunta?

Dan se sentía fatal. Había sido un idiota. Amy movía los pies incómoda, con la mirada clavada en el suelo de la cubierta.

—Lo siento —dijo el muchacho, con un hilo de voz.

—Era una cuestión de confianza —explicó Amy.

—Disculpas aceptadas —añadió Nella, mirando a Dan expectante—. Es vuestro turno.

—Está bien —aceptó Dan—. Lo que Amy estaba repitiendo: «*I'm with you and you're with me...*», es un mensaje de Irina. Probablemente en código, supongo.

Nella se rió.

—¡Qué va! ¿Decís que Irina dijo eso? —Comenzó a buscar una canción en su reproductor de música.

—¿Lo conoces? —preguntó Amy, incrédula.

—*Voilà!* —exclamó la niñera, sujetando la pantalla de su aparato en dirección a ellos.

Dan entrecerró los ojos para leer el nombre del cantante.

—¿Velvet Cesspool?

—¡Éste es el mejor grupo del mundo! —Nella puso un gesto de dolor y comenzó a cantar:

I'm with you and you're with me!
And so we are all together!
So we are all together! So we are all together!

We are marching to Peoria! Peoria! Peoria!
We are marching to Peoria!
Peoria, oooriiiiiaaaaa.

—¿Eh? —preguntó Dan, rascándose la cabeza—. Creía que Irina prefería el lúgubre estilo de la música eclesiástica rusa.

Nella le mostró la pantalla a Amy.

—El álbum se llama «Amputación para principiantes» —explicó—. Es la tercera canción: *El rastro de mi escupitajo*. Escuchad.

Amy se puso los cascos. Su gesto de asco y el color amarillento de su cara le parecieron muy divertidos a Dan. Pero, de repente, la muchacha comenzó a reír.

—¿No os dais cuenta? ¡Nuestro destino está en la letra! Eso es lo que Irina intentaba decirnos, pero no tuvo la oportunidad de terminar. Está justo ahí, al final de la estrofa, ¡es el lugar al que marchan en la canción!

Dan levantó un puño al aire.

—¡Genial! Adiós Yakarta, hola... —Su voz se apagó y su expresión se desvaneció repentinamente—. ¿Peoria? ¿En Illinois?

—Bueno, nadie dijo que todos los ancestros Cahill tenían que vivir en rincones exóticos —explicó Amy—. Seguro que Peoria es un lugar precioso.

Detrás de ellos, se abrió la trampilla y el tío Alistair salió tambaleándose hacia la lluvia. Caminaba encorvado y medio dormido y empuñaba un paraguas además de su habitual bastón.

—¡Vaya por Dios! ¡Una tormenta! —exclamó, corriendo a resguardarse junto a ellos—. Confieso que llevaba durmiendo la mayor parte del trayecto, hasta que he oído esos horribles gritos...

—Era yo cantando, Al —respondió Nella.

—Sí, bueno, la verdad es que no soy un gran fan de esos nuevos estilos —continuó Alistair—. Pero... esa letra me recuerda a una canción del Harvard Glee Club. Curiosamente, nos la trajo un estudiante de doctorado de...

Otro relámpago se dibujó en la inquietante oscuridad del cielo tiñéndolo de un blanco azulado. Como si todo fuese parte de un mismo plan, el mar comenzó a colarse en la embarcación por estribor. En el interior de la cabina, Arif gritaba, pero su voz se veía amortiguada por el sonido de la incesante lluvia.

—¡¿Qué estará diciendo?! —gritó Dan.

Alistair tenía la mirada fija en la niebla.

—¡Quizá sea la forma de decirnos «tenemos compañía» en indonesio!

Una luz roja se les aproximaba cada vez más.

—La policía... —dijo Dan.

—¿Por qué iban a sospechar de este barco? —preguntó Amy—. ¡Están buscando la lancha en la que llegó Nella!

El motor del barco, que había estado rugiendo contra la fuerza de la tormenta, ahora comenzaba a relajarse. Arif salía por la puerta de la cabina, con las manos en alto.

—¡Nos está entregando! —gritó Dan.

—Por supuesto —añadió Alistair—. Si nos cogen, él será un cómplice de la huida, pero si nos entrega, será un héroe.

Nella corrió hacia la puerta de la cabina.

—¡Entrad bajo cubierta ahora mismo! —gritó por encima de un hombro—. ¡Vamos!

Antes de que pudiesen reaccionar, Nella ya se había sentado en los controles y el motor había comenzado a acelerar.

La proa se elevó y el barco viró hacia la derecha. Alistair cogió una pila de chalecos salvavidas.

—¡Ponéoslos! —gritó, lanzándolos a Amy, a Dan y a Nella.

Dan se colocó el suyo rápidamente y sujetó a *Saladin* entre los brazos. Trató de ir hacia la trampilla, pero Nella manejaba el barco violentamente. Los tres, Alistair, Amy y él, tropezaron en dirección a la popa.

La niñera se las había arreglado para cerrar la puerta de la cabina, y Arif la golpeaba con fuerza y gritaba.

—¡Hacia el puerto, muchacha! ¡Para el otro lado! —exclamó Alistair por la ventana de la cabina—. ¡Por aquí no habrá suficiente profundidad!

La lancha se levantó por estribor y a Dan le fallaron las rodillas. Resbaló por la cubierta, agarrando con fuerza a *Saladin*. Alistair, tratando de mantenerse en pie, se desestabilizó. Estiró los brazos intentando mantener el equilibrio y, tambaleándose, trató de llegar a uno de los costados del barco. Amy le sujetó el brazo y el contrapeso le proporcionó firmeza.

La cubierta se elevó entonces por ese lado. Dan se estiró para intentar sujetarse a la borda, que cada vez estaba más cerca del agua.

Alistair y Amy chocaron con él y, a causa del golpe, el muchacho soltó a *Saladin*.

El grito del gato fue lo último que Dan oyó antes de que todos ellos cayesen al mar de Java.

CAPÍTULO 4

—¡*Saladin*! —gritó Dan en cuanto sacó la cabeza de debajo del agua.

El gato chapoteaba en el mar. Con el pelo pegado a la cara, el felino era todo ojos, parecía que le hubieran crecido el doble de lo normal. Se lo veía muy asustado.

—¡Dan! ¡Nada hacia la orilla! —gritó Amy, que estaba a su derecha, tratando de mantenerse a flote—. Se ve desde aquí. ¡No estamos lejos!

—¡*Saladin*! —repitió el joven.

—¡Por Dios, muchacho, deja al gato! —gritó Alistair—. ¡No es más que un animal!

Un relámpago atravesó el cielo, y Dan oyó el crujido de la rama de un árbol.

El joven distinguió dos formas que se dirigían hacia él, una grande y una pequeña. La mayor era el barco, que se balanceaba de un lado al otro mientras Nella se estiraba por encima del timón para tratar de verlo. La otra era Alistair, que nadaba a brazadas lentas y uniformes y que, aun así, se las arreglaba para sujetar su bastón.

Dan nadó rápido. No quería que nadie lo agarrase en el agua. No antes de coger a *Saladin*.

—¡Te tengo! —exclamó, sujetando al mau y aferrándose fuertemente a él. El gato gañía y arañaba—. Ahora cálmate...

Una ola le salpicó en la cara. Se mantuvo a flote sobre ella, tratando de no tragar agua y de mantener sujeto a *Saladin*.

¿Dónde debía de estar la orilla?

Cuando descendió la ola, Dan comenzó a girar desesperadamente sobre sí mismo, oteando a su alrededor para intentar orientarse. A pesar de la lluvia, pudo ver una pequeña luz que parpadeaba y comenzó a nadar hacia ella, sujetando a *Saladin* con fuerza. Poco después, el muchacho había alcanzado a Alistair.

—¡Muy bien, Daniel! —gritó.

—¡Miau! —maulló *Saladin*, protestando.

Amy estaba justo delante de él. El barco se había detenido. Nella y Arif estaban ahora pegados a la barandilla, discutiendo en dos idiomas distintos. La niñera se estaba abrochando un chaleco salvavidas y se preparaba para saltar.

Una ola rompió sobre la cabeza de Dan y éste no pudo evitar tragar agua. Sintió que sus pulmones se encharcaban. Nadar sólo con una mano resultaba agotador, incluso con un chaleco salvavidas. El agua del mar le salpicaba en la cara y le cegaba por completo...

Entonces se golpeó la cara contra la rodilla de Amy.

—¡Miau! —protestó *Saladin*, arañándolo aún más.

Dan bajó los pies y comprobó que ya tocaba fondo. El gato temblaba, el corazón le golpeaba el pecho con fuerza. Dan se levantó y meció a *Saladin* entre sus brazos. Miró hacia atrás por si veía el barco de la policía, pero no pudo divisar nada entre la niebla y la lluvia. Desde el fondo y entre las olas, Nella gritó:

—¡Estoy aquí, a vuestra espalda!

—¿Estás bien? —le preguntó Amy a su hermano.

El muchacho asintió.

—Sí, y *Saladin* también.

Mientras observaba a Nella, que ya hacía pie, una luz blanca lo cegó momentáneamente desde la orilla. Dan protegió los ojos del gato mientras la luz se desplazaba a Amy, después a Nella y, finalmente, se asentaba en Alistair.

Una mano salió de entre la neblina, sujetó a Dan y lo llevó hasta la orilla. Lo mismo les ocurrió a Amy y a Nella.

—*Itu dia!* —gritó una voz.

La voz de Alistair, apagada pero agitada, atravesó la fuerte lluvia:

—Le ruego que me disculpe, oficial, pero se trata de un error. ¡Suéltenme!

—*Ikuti kami!* —respondió violentamente la voz.

Dan se volvió y vio a un par de policías esposando a Alistair y arrastrándolo a una furgoneta. Dan salió de su trance y echó a correr hacia ellos.

—¡Quédate ahí, Dan! —exclamó Alistair sobre su hombro—. ¡Parece que Isabel me ha culpado a mí del incendio! Es posible que pueda hacer que esto juegue a nuestro favor... ¡pero sólo si no causas problemas! Yo me encargo de la situación.

—Pero... ¡no pueden hacer esto! —gritó Dan, por respuesta.

Uno de los policías se volvió hacia él.

Glups. Dan tuvo que tragarse el resto de sus palabras de protesta. Resguardó a *Saladin* en su pecho y retrocedió.

—Dan, estate quieto —ordenó Nella—. Los dos, ¡quedaos a salvo!

Con el rabillo del ojo, Dan pudo ver cómo el barco se alejaba de la orilla. Arif aún seguía a bordo, hablando en voz baja por su teléfono móvil.

El policía fue iluminando con su linterna a cada uno de ellos y los fue señalando.

—*Tetap di situ!* ¡Tú, tú y tú... quedaos ahí!

Después gritó una orden, empujó a Alistair al interior de la furgoneta y cerró la puerta. Después fue a sentarse en el asiento del conductor y la furgoneta desapareció entre la niebla.

—Es una acusación falsa —explicó Nella—. No saldrá adelante. Lo liberarán en menos que canta un gallo.

—¿Por qué lo habrá acusado a él? Me refiero a Isabel —preguntó Amy.

Dan asintió a la vez que cambiaba el trasportín de su mano derecha a la izquierda.

—Lo que quería era matarnos a nosotros. Esto no tiene sentido.

—Supongo que habrá aceptado las consecuencias en vuestro lugar —respondió Nella—. Le debéis un gran favor.

Los zapatos mojados de Amy fueron haciendo un molesto ruido durante todo el camino que duró el trayecto desde el puerto hasta la ciudad. La lluvia cesó tan repentinamente como había empezado y la tardía mañana llegó acompañada de una sensación vigorizante. Después de que se llevaran a Alistair, habían regresado al barco y habían recuperado todas sus cosas, que estaban completamente empapadas... excepto el portátil de Dan, ya que el muchacho se había preocupado con anterioridad de envolverlo en plástico, como era habitual en él. Alistair había permanecido durante mucho tiempo en los pensamientos de Amy, pero la joven no quería admitir lo que le rondaba la cabeza: que no le importaría lo más mínimo que lo encarcelasen en Indonesia durante un largo largo largo período de tiempo.

¿Así que le debían un favor? Por propia experiencia, Amy tenía muy claro que Alistair podría haberlo planeado todo para escaparse otra vez.

«Le dimos la pista. Confiamos en él.»

¿Cómo lo hizo? ¿Y cómo es que ellos habían acabado confiando en un tipo que...?

«Un tipo que estaba en nuestra casa la noche del incendio y que no hizo nada para detenerlo.»

—No le debemos nada —protestó Amy.

Dan la miró, petrificado.

—Oye, que Alistair estuvo a punto de morir por nosotros anoche.

—Creo que está tramando algo —dijo Amy—, y que probablemente Isabel aún esté detrás de nosotros.

El sol le daba en los ojos. Se colaba entre los árboles y ensombrecía las aceras, que estaban oscuras a causa del agua. Era como si acabase de amanecer y alguien hubiese rebobinado la noche hacia delante. Un poco más allá, pudo ver varios taxis que pasaban a toda velocidad por una calle rebosante de tráfico.

—Reservemos un vuelo y salgamos de aquí.

Nella suspiró.

—Por supuesto. Mi Visa ya no vale, pero aún tengo la MasterCard. Recordadme que compre un billete de la lotería de Peoria cuando lleguemos.

—Peoria... —murmuró Dan—. No es por menospreciar esa ciudad, pero ¿a nadie le preocupa que nos estemos equivocando con esto?

—Eh, hemos descifrado el mensaje —respondió Nella—.

Además, dos Cahill bobalicones conocían la canción. Irina escribió las palabras y Alistair la cantó en el Harvard Glee Club. No hay dudas que valgan, amigo.

—*Glee*... ¿Eso no significa risa? —preguntó Dan—. ¿Qué deben de hacer exactamente, sentarse en círculo y hacerse cosquillas mutuamente?

—También es una palabra antigua que significa coro —sonrió Amy—. Papá y mamá también cantaron en el coro de sus universidades. Cuando éramos pequeños, sus amigos venían de visita y cantaban a capela. Ya sabes, sin música. Uno de ellos traía siempre una partitura. Grace venía a veces a escucharlos. Adoraba escucharlos. Especialmente cuando cantaban esas hermosas canciones en alemán y francés.

—Vaya, parece que te gustan las cosas aburridas —opinó Dan.

En su recuerdo, Amy podía ver a los hombres y las mujeres de pie en el viejo salón de su casa, con las gafas apoyadas sobre el puente de la nariz. Aún era capaz de visualizar los adornados títulos de las canciones en las partituras...

Entonces, justo en ese momento, entendió lo que tenía que hacer a continuación.

Al fondo de la calle había un robusto edificio de ladrillo con banderas izadas de un lado al otro en la fachada, sobre la puerta principal. Las palabras *Perpustakaan Umum* estaban grabadas en una losa de mármol en la entrada, y a pesar de que no le sonaban de nada, Amy tuvo la sensación de saber exactamente de qué edificio se trataba.

—¿Podemos hacer una pequeña parada aquí?

El rostro de Dan comenzó a perder su color.

—Oh, no. Una biblioteca, ¿verdad? Lo que me faltaba para acabar de volverme loco. Pero, Amy, no existe ninguna razón para que tengamos que entrar ahí, ¿no es cierto? Es decir, no necesitamos investigar nada sobre Peoria, ¿o sí?

Amy comenzó a caminar hacia el edificio.

—Sobre Peoria no, pero hay otra cosa.

—¡No tiene gracia, Amy! —gritó el muchacho, mientras su hermana abría la pesada puerta de bronce—. Amy... ¿Amy?

CAPÍTULO 5

Alistair Oh no tenía nada en contra de la bisutería masculina, pero las esposas le estaban dejando unas antiestéticas marcas en la piel.

Mientras la furgoneta policial avanzaba entre sacudidas por una calle al oeste de Yakarta, él, con sumo cuidado, se las arregló para ajustar el grillete metálico sobre los puños de su camisa de algodón egipcio y proteger de ese modo sus muñecas. Este tipo de actividades lo mantenían distraído del caos que se había instalado en su cabeza. Ahora ya nada tenía sentido... ¿Acaso era posible que Irina Spasky estuviese muerta? ¿Por qué razón los habría salvado a los tres?

Él se había quedado paralizado, con una mirada incrédula. Había actuado como un cobarde, exactamente igual que siete años antes...

«No pienses en eso ahora.»

Tenía que mantener la mente despejada. En esos momentos tenía otros problemas que atender.

El coche botó al pasar sobre un bache y Alistair oyó un gruñido quejicoso que provenía de delante. Era el hombre que lo había incriminado. ¡Menudo estúpido! Estaba tan seguro de que todo era cosa de Isabel Kabra...

Desde el asiento del copiloto, un anciano demacrado al que conocía bien se volvió hacia él, rígidamente.

—¿Estás incómodo, mi querido Alistair? La verdad es que, para haber muerto en el parque Pukhansan, tienes muy buen aspecto.

Las palabras de Bae Oh atravesaron los oídos de Alistair como una navaja oxidada. Observó atentamente a su tío en busca de la más mínima señal de sensibilidad en sus fríos ojos de color acero.

Desde el primer momento, cuando él aún era sólo un niño y Bae aceptó su custodia, inmediatamente después del misterioso asesinato de Gordon Oh, su padre, Alistair le había tenido miedo.

Cuando se produjo el crimen, Bae era el segundo en la línea de sucesión al liderazgo de la rama Ekaterina. Lo único que se interponía en su camino era su hermano Gordon. En el funeral, todos vieron llorar a Bae. Alistair sólo tenía cinco años, pero se había fijado con detenimiento y las mejillas de su tío estaban completamente secas. Nunca olvidaría aquella imagen.

Los inocentes se condolían y el culpable... fingía.

—Te felicito, tío, por tus habilidades de interpretación —respondió Alistair—. Han mejorado mucho con el tiempo. ¿Has convencido a la policía de que fui yo quien provocó el incendio?

—No entiendo tu hostilidad hacia mí, Alistair —replicó Bae—. Yo también tengo corazón, ¿sabes? La visión de tu escuela en los periódicos de Seúl me conmovió realmente y la noticia de que aún seguías vivo me llenó de alegría. Incluso después de aquella escena en mi oficina. Y debo añadir que aquello fue bastante desconcertante. ¿No te has parado a pensar que estás siendo un poco injusto conmigo?

—Interesante reivindicación, teniendo en cuenta mi situación, esposado en la parte trasera de un vehículo policial —objetó Alistair.

—Lo primero es lo primero —anunció Bae—. Quizá tengas a bien explicarme cómo te las arreglaste para sobrevivir al derrumbamiento de la cueva.

—La vida debe reservarse alguno de sus misterios, ¿no crees, tío? —respondió Alistair—. Desde luego, tú mantienes los tuyos.

Bae suspiró.

—Dediqué toda mi vida a prepararte, Alistair. Tenías tanto potencial. Pensé que podríamos compartir las obligaciones del liderazgo Ekat... Yo como director y tú como mi sucesor. ¿Por qué nunca has aceptado tus responsabilidades? Pasas tanto tiempo con esos desdichados niños estadounidenses... ¿Acaso no te he enseñado nada, hijo mío?

—Yo no soy tu hijo —reivindicó Alistair, con los dientes fuertemente apretados—. Mi padre era Gordon Oh.

Bae inclinó la cabeza.

—Nuestro querido Gordon...

«Díselo —pensó Alistair—. Enfréntate a él, ahora.»

¿Por qué resultaba tan difícil plantarle cara a Bae? Alistair había tenido la oportunidad de hacerlo después del derrumbamiento. Se había colado en la oficina de su tío y había asustado a su secretaria.

«Lo tenía completamente a solas, pero me marché. No hice nada. Él... ha... de... dejar... de... asustarme.»

Alistair respiró profundamente.

—Encontré la carta —dijo tranquilamente—. La escribiste en un papel con el sello Oh en 1948. Era una nota relacionada con un pago por el asesinato de mi padre.

A Bae se le pusieron los ojos como platos.

—¡Era el pago por un viaje en coche!

—¿Cinco mil dólares por un trayecto a través de la ciudad, un trayecto que tuvo lugar exactamente el mismo día que mi padre murió? —preguntó Alistair—. ¿Con las palabras «destruya la carta inmediatamente» escritas en ella?

—Era un pago acumulado para la compañía de limusinas; aquel importe incluía varios meses de servicio. Y, para tu información, ¡nuestra correspondencia se destruía sistemáticamente por norma! —Bae miraba a su sobrino estupefacto, moviendo lentamente la cabeza—. Sinceramente, Alistair, me sorprendes.

«Alistair, me sorprendes...

»Alistair, me decepcionas...

»Alistair, ¿cómo es posible que te hayan expulsado de la universidad... otra vez?»

Alistair agitó la cabeza tratando de hacer desaparecer unos recuerdos que nunca acababan de desvanecerse, por mucho que pasara el tiempo y estuviera envejeciendo. Estaba permitiendo que Bae se apoderase de su alma de nuevo. «Te mentirá a la cara porque sabe que perderás la templanza —se dijo a sí mismo—. Y, una vez más, se adueñará de ti.»

Alistair miró a su tío a los ojos.

—¿Cómo voy a confiar en alguien que es capaz de contarle mentiras sobre su propio sobrino a la policía? —preguntó—. Sabes que yo no provoqué el incendio y que ese cargo no saldrá adelante.

Bae abrió su chaquetón y dio dos palmadas sobre una gruesa billetera de cuero que asomaba en el bolsillo interior.

—Tengo modos de influir en lo que sale adelante y lo que no. Aunque se me puede persuadir para que utilice esa influencia en beneficio de otros, como tú.

Alistair soltó una carcajada.

—Mentiras y sobornos, lo habitual...

—A diferencia de ti, Alistair, yo valoro la verdad —respondió Bae—. Eres un Ekaterina y, aun así, me ocultas la verdad a mí, tu antiguo tutor y actual líder de tu rama. Lo único que debes hacer es entregarme lo que me debes: la verdad sobre lo que ha pasado en esa isla y todo lo que has averiguado sobre los descubrimientos de Robert Cahill Henderson.

—Yo... nunca... lo...

—Vigílate la presión sanguínea, hijo mío —añadió Bae—. Tus años como fracasado magnate de la comida basura te están pasando factura. Demasiados burritos de queso no son buenos para el corazón.

Alistair entrecerró los ojos por un instante y recordó algo que su padre le había dicho, una frase que nunca había llegado a comprender de niño: «El silencio hace la fuerza». Respiró profundamente y después fijó su tranquila mirada en Bae Oh.

—¿Y bien? —preguntó Bae.

De repente, Alistair dio un bandazo hacia atrás en su asiento. Se trataba de una convulsión. Poco después le sobrevino otra. Respiraba con dificultad, como si se estuviese quedando sin aire, y se movía frenéticamente, tirando del brazo esposado del policía.

El coche dio un giro inesperado hacia el otro lado de la calle. Los neumáticos rechinaron. Mientras el policía del asiento trasero trataba de sujetar a Alistair, el conductor no dejaba de dar volantazos.

—¡No te detengas! —gritó Bae—. ¡No tenemos tiempo!

—¡Aaarggggh... gluuug! —gimió Alistair. Con un movimiento brusco de la parte superior de su cuerpo, sintió que se golpeaba la cabeza con el techo y después se desplomó, sin vida, sobre el asiento trasero.

CAPÍTULO 6

Moho. Papel en estado de putrefacción. Amy sonrió. No había nada más tóxico que el aroma de los libros viejos.

En una pequeña habitación de la biblioteca de Java equipada con aire acondicionado, se sentó a inspeccionar una pila de libros de música de los archivos. Las obras eran muy pesadas y emitían un sonido agradable al golpear la mesa cuando los dejaba encima de ella. La mochila de Amy estaba en el suelo, sobre un pequeño charco. Una joven bibliotecaria se apresuró a llevarle una toalla para proteger el tejido de los asientos de la ropa mojada de Amy. Frunció el ceño, regañando dulcemente a Amy en indonesio.

—Gracias —respondió la muchacha—. Lo... lo siento.

Tímidamente, se concentró en los libros, y abrió el primero de la pila: *Orfeones, cantares marineros, himnos de batalla, madrigales y motetes*. En el interior de la cubierta había un sello: el libro había sido donado por un graduado de Harvard local.

Nada más abrir el libro, el alboroto al otro lado de la puerta la distrajo. La bibliotecaria y Nella estaban persiguiendo a *Saladin* por toda la habitación. Dan, por su parte, trataba de pasar desapercibido detrás de ellas. Miró a Amy y se encogió de hombros.

—Lo siento... Lo había sacado para darle de comer y limpiarlo, pero resulta que tiene ganas de jugar.

—¡Lo tengo! —exclamó Nella a la vez que agarraba al gato por el collar.

Mientras Nella se apresuraba a salir, Amy se volvió hacia su hermano.

—¿Cómo está *Saladin*?

—Enfadado —respondió Dan—. Después de bañarlo, encontramos un cibercafé y eché un vistazo en una página web para amantes de los mau. Resulta que aquí no tienen atún, así que no ha tenido más remedio que comer sardinas.

Amy no oía ni una palabra de lo que le contaba su hermano. Estaba demasiado ocupada pensando en el título de la canción que había encontrado en la página 47.

A menos de ciento cincuenta kilómetros, en una autopista cercana al aeropuerto, Bae Oh veía que su sobrino agonizaba a causa de una insuficiencia cardíaca.

—Agh... ti... tío... —gemía Alistair.

El conductor estaba arrodillado sobre Alistair, hablando apuradamente por un teléfono móvil mientras Bae trataba de mantener a su sobrino derecho. El oficial que iba esposado a Alistair buscaba por todas partes la llave de las esposas.

—¡Cielo santo! ¡Hagan algo! —exclamó Bae.

Alistair se incorporó. Le temblaban las manos, tartamudeaba y se retorcía de dolor. Verlo de aquella manera fue un duro golpe para Bae. Alistair siempre había mantenido la compostura con dignidad. Había sobrevivido a explosiones mortales y derrumbamientos masivos sin que se le saliera un pelo de sitio.

Sería sumamente irónico que fuera su propio corazón el que acabara con él.

«Y no ha hecho nada que me enorgullezca —pensó Bae—. Tan sólo ha malgastado su vida.» La universidad, los negocios y ahora la salud... Alistair había fracasado en todo. Ojalá no hubiera sido tan blando, tan ignorante sobre los usos del poder. Ponía siempre a los demás por encima de él, y aquello constituía un grave error... «La universidad fomenta una competitividad innecesaria, tío... Yo quiero mi propio negocio para que la gente pueda comer a precios razonables...» A estas alturas, ya podría ser «algo» en la rama Ekaterina, en lugar de un constante problema.

«En fin... a veces los problemas tienen soluciones inesperadas», pensó Bae, observando cómo su sobrino iba alejándose de la vida.

El oficial finalmente desabrochó las esposas. El brazo de Alistair cayó pesadamente sobre la calzada y su cabeza se inclinó. Los oficiales se quedaron pasmados.

—*Mati?* —murmuró uno de ellos.

«Muerto», tradujo Bae, silenciosamente.

Se asentó en la furgoneta policial. Alistair tenía sus acusadores ojos abiertos, fijos en un punto. Así, en reposo, se parecía a su padre.

—Gordon... —susurró Bae.

«Detente. No es Gordon. Es el muchacho.»

Se levantó con dificultad y caminó más allá del arcén de la calle para alejarse del ruidoso tráfico. Apoyado en su bastón, comenzó a hablar por teléfono.

—Buenos días, llamo para informar de la muerte por causas naturales de Alistair Oh...

—¡Ahhhh!

El sonido del grito de un oficial le alertó y echó a correr de nuevo hacia el coche.

Se detuvo en seco, soltando el teléfono y el bastón.

Los dos oficiales yacían en el suelo, retorciéndose de dolor. Alistair Oh estaba de pie, entre los dos, sacudiéndose el polvo del traje. Se dirigió a Bae, asintiendo animadamente. Después recogió el bastón de su tío del suelo.

—¿Se te ha caído esto, tío?

Bae estiró un brazo.

—Pero... pero si estabas...

—Puede que me echaran de Harvard, pero saqué una matrícula de honor en interpretación —añadió Alistair, que abrió la parte superior del bastón de su tío, revelando así un conjunto de pequeños interruptores negros—. Vaya, pero ¿qué tenemos aquí?

Bae corrió hacia él.

—No, Alistair, ¡no sabes lo que estás haciendo!

—Mírame bien —respondió Alistair, apuntando a su tío con la empuñadura del bastón y lanzándole una nube de spray de pimienta.

Afectado por un ataque de tos, Bae cayó al suelo, con una pierna torcida. Oyó un crujido por debajo de la rodilla y el dolor comenzó a subirle por la pierna al mismo tiempo que le bajaba por los pulmones. Sintió que su cuerpo iba a explotar.

Gritó, tratando de mantenerse consciente.

Alistair se le acercó, con el bastón en alto.

—Pareces afligido, mi querido y compasivo tío.

«Respira, abre los ojos y concéntrate.» Bae tenía la mirada clavada en su sobrino. Era la oportunidad perfecta para Alistair. Sólo necesitaba un buen golpe en la cabeza.

—¡Agh! —exclamó, levantando el bastón por encima de sí.

Bae cerró los ojos. Oyó un ruido en el suelo. Sintió que alguien tiraba de su mano hacia arriba. Su espalda resbaló sobre el césped. Unas esposas se cerraron en su muñeca y lo sujetaron al cierre de la puerta del coche.

Gritaba tan alto que apenas se dio cuenta de las sirenas de policía que atravesaban el aire, o de la voz de su sobrino que cada vez se oía más lejos.

Alistair estaba cantando.

—*I'm with you and you're with me and so we are all together...*

CAPÍTULO 7

El Aeropuerto Internacional de Peoria contaba con un buen número de madres y niños aburridos, pero normalmente no solían llevar un arsenal de venenos escondidos en botellitas de champú, lo que enorgullecía a Ian.

El hecho de que los niños Cahill perdieran su vuelo había arruinado las cosas un poco. Y eso por no mencionar los uniformes de personal del aeropuerto que llevaban puestos.

—No puedo creer que tengamos que llevar estas pintas de... de... —tartamudeó Natalie Kabra.

—¿Clase trabajadora? —preguntó Ian, que empezaba a rascarse por el contacto con la camisa de guardia de seguridad—. Recuerda lo que dijo mamá. Ahora ya no es nada fácil infiltrarse entre el personal aéreo. Tenemos mucho que agradecer a nuestros contactos Lucian.

—No me hagas hablar de las chapitas de identificación de los aviones —protestó Natalie.

—No arméis barullo —dijo Isabel Kabra, mientras bordeaban una esquina en dirección a la sala de personal del aeropuerto. La visera de la gorra de supervisor no consiguió esconder el enfado de sus ojos mientras susurraba suavemente al teléfono:

»Arif, habla más despacio. Mi indonesio es excepcional pero no perfecto... Sí, ya sé que los has burlado... Pues claro que no sospechaban que entendías su idioma, precisamente por eso te pagamos tan bien... Sí, sus nombres estaban en la lista de pasajeros de Peoria, pero ellos no estaban en sus asientos, ¡Arif! Ah, que tienes información sobre el siguiente vuelo... ¿Tres horas? Bien. Esperemos que vengan en él. Y Arif... tú también deberías esperar que lleguen en ese avión. —Colgó el teléfono. Tenía la cara colorada.

—Estupendo, ¡qué buenas noticias! *Hakuna matata* y todo eso —exclamó Ian, animadamente—. Nos tomaremos un descanso y cenaremos tranquilamente mientras esperamos. —Echó un vistazo a su alrededor a los restaurantes de comida rápida—. Bien, mejor descansaremos...

—¿Tres horas aquí? —Natalie se aflojó el cuello almidonado de la camisa—. Hemos viajado por Tokio, París, Viena, Seúl, Sidney y Java. Sentía una cierta admiración por cómo los Cahill descubrían las localidades. Pero... honestamente, madre, este pequeño pero agitado salto del charco para ir a... Pe-Peo... —Se le puso la cara verde—. Disculpadme, no me siento bien.

Ian la vio salir corriendo.

—En eso tiene razón.

—¿En quejarse por el siguiente destino? —Isabel hizo que su hijo se volviera—. Esos niños nos evitaron en Indonesia ¡dos veces! ¿Eso no te dice nada, Ian?

—Que tienen mucha suerte —respondió él.

—Esos niños —le corrigió su madre— son realmente nuestros únicos adversarios importantes.

Ian soltó una carcajada.

—¡Muy bueno, mamá!

—¿Te estás riendo de mí, Ian?

—No. —El muchacho cambió la expresión de su cara inmediatamente—. Madre, en ese caso, tal vez exista la posibilidad de que hayan viajado a otro sitio, ¿no crees?

—Recuerda quién los dirige —respondió Isabel—: Esa niñera del pendiente en la nariz que va siempre pegada a su música. Lo extraño es que logren coger los vuelos a tiempo. No, Ian, no vamos a alarmarnos. Cogerán el siguiente vuelo que consigan reservar. Recuerda que, después de nuestro pequeño acuerdo con Bae Oh, Alistair ya debe de estar fuera de juego. Aquí en Peoria, estarán solos. Si queremos eliminarlos, no hay otra manera de hacerlo. Ésa es la lección que hemos aprendido en Indonesia.

Ian asintió. «No la cuestiones. Y menos cuando se encuentra en este estado.»

Aun así, era una pena atacarlos de una forma tan brutal. Especialmente a la niña, Amy. Ian nunca había conocido a nadie como ella: tímida, gentil, con aquel excitante toque de hostilidad. Tan distinta de las chicas que lo rodeaban normalmente, que acostumbraban a tirarse encima de él con tanta frecuencia que los chóferes tenían que llevar siempre un maletín de primeros auxilios.

«¿Ésa es la única solución que se le ocurre? ¿No es lo suficientemente inteligente como para detener la búsqueda?»

Estaba pensando en el niño y en la niñera. Él era un enano impulsivo y ella, una colección de pendientes y porquería. Si al menos se hubieran quedado atrapados en la cueva de Seúl, aunque sólo hubiera sido el tiempo suficiente como para sentirse desalentados. ¿Por qué le llevaban la contraria a su madre?

«No tienen ni idea de cómo es vivir con ella.»

—Tienes razón —respondió Ian—. Lo están pidiendo a gritos. Ojalá que no escuchen a la cabecilla del grupo.

—¿En quién estás pensando? —preguntó Isabel.

Ian miró hacia otro lado.

—Supongo que en la hermana, en Amy.

Sintió que una sonrisa le recorría el rostro.

—¿Ian? —Su madre lo agarró de la muñeca—. Si estás pensando lo más mínimo en...

—¡Madre! —Ian sintió que se ponía colorado—. ¿Cómo puedes sospechar que...?

—¡Madre! ¡Ian! —Natalie llegaba corriendo desde el baño. Parecía aún más enferma que antes—. ¡Acabo de recibir un mensaje de Reagan Holt!

Isabel Kabra parecía horrorizada.

—¿Has enviado mensajes a una Tomas?

—¡No! Ella ha pinchado mi teléfono. —Consternada, Natalie leyó lo que ponía en la pantalla de su móvil—: «Gracias, Nati. Emos bisto el próximo destino de Amy i Dan en tu móvil. Vamos detrás de ellos. Mucho ojo con que beamos a un solo Lucian. Reagan». Vaya, ¡está lleno de faltas de ortografía!

Ian puso mala cara. Los Holt eran una de las cosas más desagradables de esa búsqueda: repugnantes, brutos e idiotas.

—Como si no fuera suficiente sólo con los Cahill.

—Tal vez si ponemos un cartel que diga «Zona libre de Tomas» en el área de aterrizaje —sugirió Natalie—. Seguro que eso confunde a los bobolts, quiero decir Holts, durante un par de días.

—Esos imbéciles —dijo Isabel con una sonrisa tranquila— puede que sean buenos con un parapente, pero no impedirán que aislemos a Dan y a Amy aquí. Y cuando lo hayamos hecho, nos divertiremos de lo lindo.

Sacó de su bolso un frasco con un líquido verde brillante.

Ian tragó saliva.

—¡Es el líquido que les robamos en París! —exclamó Natalie—. ¡Madre! ¡Te has equivocado!

Isabel miró a su hija.

—Al menos Ian, sin duda, se habrá dado cuenta de que este frasco es falso. Contiene veneno. Una vez que les hayamos administrado esto, su cuerpo empezará a experimentar un lento deterioro que culminará con una larga estancia en el hospital seguida de la muerte. —Isabel abrió su bolso para mostrarles una colección de agujas hipodérmicas.

—Entiendo —respondió Ian—. Les obligaremos a tragárselo, por así decirlo.

El rostro de Natalie volvió a ponerse verde.

—¡¿Y si... tienen el antídoto?! —chilló.

—Buena pregunta. Vaya, ¿ha sido Natalie la que ha hablado? —dijo Isabel, con ironía—. Corren rumores de que una de las ramas de la familia ha desarrollado antídotos para los venenos Kabra durante todos estos años. Desde mi punto de vista, era Grace quien estaba detrás de todo eso, pero bueno, supongo que es un poco tarde para que los niños acudan corriendo a ver a su abuela, ¿verdad?

Ian se estremeció. Miró a su hermana para ver si ella sentía lo mismo, pero Natalie parecía distraída con su móvil, como siempre.

—Muy bien, una pregunta —dijo la muchacha, levantando la mirada—. Eh... ¿alguno de vosotros sabe qué es el atún?

—Es lo que la gente come cuando no hay langosta o caviar —respondió Ian—. ¿Por qué?

—Mi sistema de vigilancia de Internet sobre Dan Cahill me avisa de que han estado buscando información sobre el atún... —Natalie se rascó la cabeza—. ¡Claro! ¡Para su gato!

Isabel le arrebató el teléfono tan rápido que se le torció la gorra.

—Natalie, ¿desde dónde han hecho esa búsqueda?

—Estamos en Código Rojo.

El profesor se incorporó rápidamente. Acababa de despertarse cuando respondió a su teléfono móvil.

Aquella llamada sólo podía significar una cosa.

—¿Están aquí?

—No se me permite proporcionarle esa información —explicó una voz familiarmente áspera—. Pero ésta será la última petición que le haga.

Con el teléfono pegado a la oreja, el profesor se vistió con rapidez y en silencio.

—Sabes que no puedo hacer lo que me pides. No soy uno de los vuestros.

—Has dejado los Tomas...

—Soy un educador —añadió el profesor—. Creo en la enseñanza. No es necesario que nadie se corte el cuello mutuamente. Ese tipo de pensamiento ha causado estragos en mi país, en mi gente y en mi... familia.

Se arrodilló al lado de su portátil e introdujo la contraseña de red. Pasó el cursor por el lado izquierdo de la pantalla e hizo clic en el apartado «Información sobre pasajeros del vuelo».

Revisó una lista de nombres.

Allí estaban. Tal como sospechaba.

Echó a correr hacia el coche y siguió atendiendo a medias a la voz del teléfono.

—... tus objetivos son exactamente los mismos que los nuestros —dijo.

—Pero nuestros métodos no podrían ser más diferentes. —El profesor subió el tono de voz, pues había arrancado el coche y tenía que superar el ruido del motor—. No disfruto con el terror y, por lo que recuerdo, ¡hace años, tú tampoco lo hacías!

—Isabel Kabra ha matado a Irina Spasky —informó la voz—. Se ha enfadado y está perdiendo la compostura. He pinchado su teléfono. Debemos mantenernos unidos. Te necesitamos.

El profesor se saltó un semáforo en rojo. Una bocina le atravesó los oídos, haciéndolo frenar en seco. Conducía dando volantazos en los cruces y el sonido de los insultos de los demás conductores aumentaba cada vez más a su espalda hasta el punto de parecer el ladrido de una jauría de perros.

—¿Cómo es posible? Pero ¡¿cómo ha muerto Irina?! —gritó el profesor.

—¡Salvándoles la vida a los niños!

—¿Qué?

—¿Dónde estás? —preguntó la otra voz.

El profesor cerró el teléfono. «¿Será posible?»

Se detuvo a un lado de la calzada y trató de tranquilizarse. Tenía que concentrarse, por su propia seguridad y por la del resto de conductores. Y, tal vez, también para encontrar un final feliz a una violencia innecesaria que ya duraba medio milenio.

«Irina entró en razón. Y ahora está muerta.»

La persecución comenzaba a caldearse. Las lealtades flaqueaban.

Abrió la guantera y sacó una pequeña fotografía enmarcada. Era el retrato de un hombre vestido con el traje de guerra zulú: plumas blancas en brazos y pantorrillas; un tocado blanco y negro; un escudo de cuerpo entero y una arma con un filo que no era ni una espada ni un cuchillo. Su demacrado rostro reflejaba severidad y su piel era casi tan negra como el aceite de Macasar que suavizaba su pelo. El profesor colocó el retrato en su asiento. Condujo el resto del camino cantando, tal como siempre hacía para despejar su mente. En veinte minutos llegó al aeropuerto. Mostró su placa a los guardias de seguridad y accedió a la carretera de servicio del final de la terminal.

Llegarían en cuestión de minutos.

CAPÍTULO 8

Una cosa era cambiar los planes de un viaje y otra muy distinta entrar en el aeropuerto de un país extraño con una mochila mojada que apestaba a pescado podrido.

—¡Bienvenidos a Sudáfrica! —exclamó alegremente una azafata.

—¡Gracias! —respondió Amy, con la esperanza de que el aroma no se notase demasiado. Amy salió corriendo por la puerta del Boeing 767 y se zambulló en el bullicio del Aeropuerto Internacional Oliver Reginald Tambo.

Un día antes ni siquiera habría soñado encontrarse allí, pero la visita a la biblioteca los había encaminado en la dirección correcta.

—Más te vale estar segura de esto —murmuró Nella, que estaba algo gruñona ya que no había dormido bien aquella noche.

—¿Quién se ha tirado un pedo? —preguntó Dan.

—Es la ropa —respondió Amy.

—¿Nuestra ropa se ha tirado un pedo? —volvió a preguntar el muchacho.

—No los conozco, señoras y señores —susurró Nella—. No los había visto jamás en la vida...

Dan echó a correr hacia un letrero que decía: «¡Lee tu email! ¡Navega por Internet!».

—Nella, voy a usar tu tarjeta, ¿vale?

—¡Claro! ¡Llamadme Cajero Automático Rossi! —exclamó Nella, agarrando a Amy del brazo—. Explícame otra vez por qué has decidido venir aquí. Recuerdo que la explicación tenía cierto sentido y que además reservamos los billetes a Peoria como reclamo para distraer a los demás, pero cuando lo hicimos yo estaba más dormida que despierta.

Amy sacó de su bolsillo una copia de una partitura que encontró en la biblioteca: «*Marching to Pretoria*».

—Es una canción tradicional, cantada por coros de todo el mundo —continuó Amy—. Lo que incluye al Harvard Glee Club, que es lo que el tío Alistair trataba de decirnos... Que la canción original habla de Pretoria, en Sudáfrica. Es mucho más probable que Irina conociese la letra original. Nos estaba diciendo que viniésemos «aquí».

Nella no le sacó el ojo de encima a Dan, que estaba en el ordenador leyendo un denso texto.

—Controla bien los minutos que pasas ahí, renacuajo, que yo no soy rica. Especialmente después de que me hicierais comprar esos señuelos en forma de billetes de avión. Además, estoy a punto de compraros unos teléfonos.

—¡Ahh! —exclamó Dan, alejándose del ordenador—. ¡No, no y no!

Amy y Nella, sobresaltadas, se volvieron hacia él.

—¿Qué pasa, Dan? —preguntó Amy—. ¿Algún problema?

—He hecho un par de consultas y no hay atún en Sudáfrica —dijo Dan suspirando—. *Saladin* va a matarme.

Si hay algo peor que esperar a que te entreguen el trasportín de tu mascota, es esperar a que te lo entreguen mientras tu hermana te da clases de historia sudafricana. Nella había ido a comprar unos teléfonos móviles y a alquilar un coche, así que Dan estaba atrapado.

—«... ya que se encontraron depósitos de oro y diamantes» —leyó Amy en un panfleto—. «Cada vez más mineros ingleses acudían a la región de Transvaal, que estaba ocupada por los holandeses. Las tensiones provocadas por esta situación dieron lugar a la guerra de los bóers.» Dan, fue entonces cuando escribieron la canción *Marching to Pretoria*. ¡Está todo relacionado con la guerra de los bóers!

—¡Vaya! —exclamó Dan—. Un país que canta canciones sobre boas no puede estar del todo mal.

—¡Yo no he dicho «boa»! —refunfuñó Amy.

—Ah... ¡Guerra del a-boer-rimiento! —exclamó Dan—. Típico de ti, Amy. ¿Y qué hacían? ¿Se leían historia mutuamente hasta que uno decía: «¡Ahhh! ¡Me rindo!»?

—B-o-e-r —deletreó Amy—. Es una palabra de origen holandés que significa «granjero». La mayor parte de los colonos que se asentaron aquí en el siglo XVII eran granjeros y pastores holandeses, alemanes y hugonotes franceses. También se les conoce como afrikáners.

Dan tenía los ojos algo vidriosos, así que tropezó de frente con un anciano que vestía una chaqueta gastada y pantalones rasgados.

—Disculpe —dijo el muchacho, apresurándose a salir del medio.

El hombre le dirigió una sonrisa burlona. Tenía la piel oscura y una cicatriz curvada a lo largo de la mandíbula. Sus ojos verde grisáceos parecían bailar bajo la luz fluorescente.

—¿Necesitáis un coche con conductor? ¿O es que los jóvenes enérgicos como vosotros sois capaces de recorrer Sudáfrica por vuestra cuenta? —preguntó el anciano mientras le entregaba una postal a Dan.

—Eh... no, gracias —respondió el muchacho.

—Puedes quedártela —insistió el hombre—. ¡Por si acaso! ¡Nunca se sabe cuándo alguien puede necesitar los servicios de Slimgaard!

Cuando el hombre se hubo marchado, Amy se acercó a su hermano.

—¿Qué es lo que quería? —quiso saber la joven, sin apartar un ojo de la cinta transportadora.

Dan miró la postal:

—¿La esperanza de la humanidad? —preguntó Amy extrañada—. ¿Un servicio de limusinas y además una postal escrita a mano?

Dan le dio la vuelta a la tarjeta. Por el otro lado destacaba la imagen de un hombre alto africano que sujetaba un escudo, junto a lo que parecía una entrada de enciclopedia:

Shaka (1787-1829). Fundador de la nación zulú. Hijo del rey de una tribu zulú y de su mujer, Nandi, que pertenecía a otro kraal. Su nacimiento se consideró vergonzoso. Su nombre significa «parásito intestinal». Tanto la madre como el hijo fueron condenados al exilio y posteriormente maltratados por otras tribus locales. A los dieciséis años de edad, Shaka descargó su ira luchando contra un leopardo que lo estaba atacando y lo mató sin ayuda de nadie. Gracias a su fuerza física y a su astucia, y guiado por su sed de venganza, alcanzó el poder. Shaka despreciaba las tácticas bélicas tribales de su tiempo, como el lanzamiento de jabalinas a larga distancia, y perfeccionó el combate cuerpo a cuerpo con lanzas cortas de hoja ancha. Su famosa estrategia de ataque «cuerno de búfalo» ayudó a construir una fuerza militar que derrotó a tribus locales y creó uno de los reinos más poderosos jamás conocidos. Aunque muchos historiadores modernos condenen abiertamente su violencia, Shaka es considerado el padre de la Nación Zulú Unida, un héroe para todos los sudafricanos.

—¡Genial! —murmuró Dan para sí mismo, con los ojos clavados en la fotografía de Shaka.

—¡Por fin, *Saladin* ya está aquí! —Amy echó a correr hacia la cinta transportadora, en la zona de recogida de equipajes. Poco después, corría de vuelta con el trasportín del gato—. ¿Quieres ser el primero en abrirlo y saludarle?

Sin embargo, Dan no podía despegar la vista de la imagen del escudo de Shaka.

—Amy —la llamó—, ¿tú qué ves aquí?

—Eh... ¿*Saladin* está muerto de hambre y tú no puedes dejar de mirar esa postal hortera para turistas? —replicó ella.

—Su escudo —insistió Dan—. Echa un vistazo al escudo.

A Amy casi se le cae el trasportín al suelo... y fue entonces cuando Dan supo con certeza que no se había imaginado nada.

En el centro del escudo de Shaka lucía el blasón de los Tomas.

CAPÍTULO 9

Amy se había salvado por centímetros de ser aplastada por un tren en el metro, había conseguido escapar de edificios que se venían abajo y había quedado atrapada en tumbas mal ventiladas. Pero nunca se habría imaginado que se sorprendería a sí misma esperando a su hermano Dan en la puerta de una librería.

—Tal vez debamos buscar un médico —murmuró Nella, antes de entregarle a Amy un teléfono móvil reciclado que había comprado en una tienda del aeropuerto.

—Gracias... Bueno, al menos se ha interesado en algo —respondió la muchacha, guardándose el teléfono.

Dan salió de la librería del aeropuerto con una sonrisa de oreja a oreja y una biografía de Shaka Zulu en sus manos.

—Gracias, chicas, esto es genial. No tenían ninguna de los Gekk, pero ésta tenía muy buena pinta.

—¿Los Gekk? —preguntó Amy.

—Las personas que escribieron el texto de la postal de Shaka —respondió Dan, mostrándoles la tarjeta—. No sé pronunciar sus nombres, pero me gusta el estilo. Eh, ¿cómo está *Saladin*?

Al oír su nombre, el gato rascó la pared del trasportín. Es increíble lo rabioso que puede llegar a sonar un «miau».

Al ver que Dan se arrodillaba frente al trasportín, Nella lo sujetó del brazo.

—¡Eh! La última vez que hiciste algo así, acabé persiguiendo al gato por toda la biblioteca. Así que comportaos. El empleado del servicio de alquiler de coches no me quita los ojos de encima. Me ha costado bastante que me dejase un coche y me da miedo que ahora vaya a cambiar de opinión. Ah, aquí tienes tu teléfono, Dan. Ya no podrás decir que nunca te he hecho un regalo.

Nella cogió el trasportín y comenzó a caminar por el pasillo. Dan siguió sus pasos mientras hojeaba la biografía de Shaka.

—En el índice no hay nada que suene a Cahill. Debe de ser un descendiente de Thomas, ¿verdad?

Amy movió la cabeza.

—No, Thomas Cahill se asentó en Japón. Además, los padres de Shaka eran miembros de tribus africanas... y ninguno de ellos había visto a ningún europeo antes. Jamás. El propio Shaka no conoció a ningún europeo hasta la primera década del XIX, ¿no?

—Cierto... —Dan siguió hojeando su libro de Shaka—. Un tipo que formaba parte de una delegación británica, un tal Fynn, le salva la vida a Shaka al curarle una herida de espada y proporcionarle medicinas. También le tiñe el pelo. Cuando Shaka ve que su pelo gris se ha oscurecido, cree que lo han rejuvenecido ¡por arte de magia! Hasta entonces, Shaka había odiado a los europeos, pero en ese momento... ¡Vaya, tienen algo que me vendría muy bien!

—¿El tinte para el pelo? —preguntó Nella.

—Las armas —respondió Dan—. Entonces se da cuenta de que, claro, sí que puede confiar en ellos. Pero la cosa acaba mal.

Nella los dirigió hasta un ascensor.

—La cuestión es que si no era descendiente de un Cahill, entonces no podía ser uno de ellos —reflexionó Amy—. ¿De dónde sacaría el escudo con el blasón Tomas, entonces?

—¿De un distribuidor oficial de escudos de segunda mano? —respondió Dan—. No tengo ni idea. Será mejor que investiguemos un poco más.

—No puedo creer que seas tú el que sugiere eso.

—Shaka es divertido, no aburrido —explicó Dan—. ¿No eran los zulúes los que hacían esa torsión mortal de la cabeza? ¡Plas! ¡Muerto! Empalaban a sus enemigos con estacas, ¡los plantaban como si fueran árboles! Shaka era un genio. Lo vio muy claro: «¿Qué es eso de atacar con lanzas? Es como tirarle pelotas a alguien. Los malos se echan a un lado y la lanza ni los roza y encima te quedas sin arma». Así que enseñó a todo el mundo a hacer pinchitos de carne con los enemigos usando espadas reciclables... ¡un combate ecologista! Tenía un archienemigo: un tipo llamado Zwide. Shaka hizo que los chacales se comieran a su madre. ¿Quién no iba a querer investigar a alguien así?

—Pues sí, parece una revuelta bastante graciosa —opinó Amy, rotundamente.

La puerta del ascensor se abrió y Nella se adentró en el aparcamiento.

—Nuestro carruaje espera, muchachos. Buscad la plaza número treinta y siete K.

Dan la siguió hasta el aparcamiento y comenzó a mirar a su alrededor.

—¡Vaya! ¿Has alquilado un Hummer? ¡Genial!

Lleno de alegría, echó a correr hacia un enorme Hummer negro que estaba cerca de un poste con un cartel en el que se podía leer: «37K».

Nella examinó su tíquet.

—Yo había pedido el coche más barato. Uno con agujeros en el suelo también me hubiera valido, como el de los Picapiedra.

Amy contó hasta siete antes de oír lo que se estaba esperando... un devastador «¡OHHH!» de Dan. Se lo encontraron desplomado sobre un Yugo amarillo de dos puertas, mirando tristemente a su derecha, donde estaba el Hummer, bajo un letrero donde se leía: «38K».

—Me he confundido por uno.

Nella miró en su interior.

—Perfecto. ¡Un cambio de marchas manual!

—Creo que deberías pedir uno un poco mejor —sugirió Dan—. Mira bien este montón de chatarra. ¡Hasta el volante está en el lado equivocado!

—Todos lo llevan ahí —respondió Nella—. Aquí conducen por el otro lado de la calzada.

—¡El empleado de esta empresa ha insultado tu honor! —insistió el muchacho—. Shaka Zulu no se habría conformado con un Yugo.

—Dan, ya ha sido bastante difícil conseguir éste —explicó Nella.

Amy se separó de su hermano y de la niñera, dejándolos a solas con su discusión, y se acercó al otro lado del Hummer. Había algo extraño en él. Las ventanas eran oscuras, algo azuladas. Pero estaban empañadas.

Se inclinó hacia el asiento del conductor desde el otro lado de la ventana. No pudo ver demasiado, pero el asiento de delante tenía una forma extraña... abultada, no era lisa.

Entonces el bulto se movió.

A regañadientes, Dan se sentó en el asiento delantero del Yugo con el trasportín de *Saladin* en su regazo. Los asientos eran duros.

—Aquí huele a pescado —protestó.

—Al menos a *Saladin* le gustará —respondió Nella.

—¿Puedo dejarlo salir ahora? —dijo Dan, que había comenzado ya a desabrochar las cintas del trasportín.

Pero en ese momento Amy abrió rápidamente la puerta de atrás y entró a toda prisa en el coche.

—¡Vamos! ¡Vamos!

A su lado, el Hummer comenzó a rebotar. Unos gritos salieron del interior del vehículo.

—¿Hay alguien ahí? —preguntó Dan.

—¡Nos estaban esperando! —exclamó Amy.

—¡Creí que estarían todos en Illinois! —Nella pisó con fuerza el acelerador y colocó la palanca en posición de marcha atrás. El coche dio un salto y salió disparado hacia atrás.

—Tienes razón, esto es un montón de chatarra —respondió Nella.

Dan sintió el brazo de Amy sobre su hombro cogiendo el trasportín.

—¡Dame eso antes de que *Saladin* salga volando por la ventana!

Haciendo resonar las ruedas, el Yugo avanzó marcha atrás hasta abandonar la plaza 37K. Nella dio entonces un volantazo y el coche giró noventa grados.

—¡Genial! —gritó la niñera, a la vez que cambiaba a primera.

Dan miró hacia atrás.

—Eh, Amy, no nos están siguiendo.

—Eso es porque yo tengo esto —respondió la muchacha,

mostrándoles unas llaves—. La puerta de delante estaba abierta, así que las he cogido.

—¡Toma ya! —exclamó Dan. Su hermana mostraba una enorme sonrisa, orgullosa de sí misma—. ¡Al más puro estilo Cahill!

PUM. El coche atravesó la barrera de tráfico y se incorporó al tráfico de la calle. Dan no sabía qué esperar de Johannesburgo, pero la verdad era que no se veía demasiado por allí, sólo unos enormes campos secos que se extendían en todas las direcciones.

—Chicos, ¿cómo llegamos a Pretoria? —preguntó Nella.

—Hemos de ir hacia el nordeste —explicó Amy, que hojeaba un panfleto—. Deberíamos tardar una media hora en llegar. Hay allí una biblioteca principal, la Biblioteca Estatal. También están los archivos del gobierno, la Universidad de Sudáfrica y el Museo de Historia Cultural Nacional. No debería ser muy difícil encontrar alguna conexión entre Shaka y los Cahill.

—Nordeste... —dijo Nella, mirando por la ventana a su izquierda—. Veamos... El sol está saliendo por el este...

—¡Cuidado! —gritó Dan.

El Hummer los adelantó por la izquierda y, de repente, se paró delante de ellos.

—¿Cómo habrán conseguido unas llaves tan rápido? —preguntó Nella.

—Ahora sí que la has liado —afirmó Dan—. ¡Están enfadados!

—¡Date prisa! —exclamó Amy.

—¡Voy lo más rápido que puedo! —respondió Nella.

Comenzó a zigzaguear entre el tráfico y a su derecha quedó una salida muy cerrada.

—¡Nella, sal de esta calle! —gritó Dan.

—No puede —opinó Amy—, ya se ha saltado la salida...

—¡Todavía no!

Nella dio un volantazo hacia la derecha. El Yugo se inclinó y las ruedas de la izquierda se levantaron del suelo como si estuviese girando hacia el arcén de hierba.

El coche rebotó y el parachoques delantero chocó varias veces contra el suelo de tierra y piedras. Las ruedas traseras comenzaron a derrapar a uno y otro lado, levantando nubes de polvo. Más adelante, la calle se transformaba en una empinada cuneta.

—¡Sujetaos! —exclamó Nella.

—¡Vamos a morir! —chilló Amy con los ojos cerrados, mientras el coche salía volando por los aires.

CAPÍTULO 10

Dan nunca había sospechado que morirse iba a ser tan incómodo para la lengua.

—¡Ohh! ¡Ohhhhh! —exclamó, mientras la sangre se le escurría por el labio inferior.

Tenía los ojos como platos. El Yugo estaba en la cuneta, inclinado hacia la derecha. Nella pisó el acelerador; las ruedas de la izquierda apenas alcanzaban el borde superior de la zanja.

—¡Agarraos con fuerza!

Con un fuerte impulso, el coche derrapó hasta que las ruedas se asentaron en la pendiente y alcanzaron el asfalto. Giró entonces bruscamente, se enderezó y comenzó a coger velocidad.

Dan se tragó la sangre que manaba de la lengua, que estaba comenzando a hincharse. Se fijó en que el polvo de la tierra iba desapareciendo a su alrededor. Nella se las había arreglado para volver atrás y coger la salida que se había pasado y ahora se dirigían hacia una área inhóspita desde donde, al horizonte, se podía ver la ciudad.

«¿Dónde habrá aprendido a conducir así?»

—¡Lo has conseguido! —exclamó Amy—. ¡Hemos logrado escapar!

—¿*Pod* qué *haz* tenido que *haced ezo?* —preguntó Dan, que notaba el pulso en su lengua hinchada—. ¡Me he *moddido* la lengua!

Nella, enfadada, miraba concentrada hacia delante, apoyada sobre el claxon.

—¡Idiotas! ¿Dónde habéis aprendido a conducir?

Un coche se dirigía directamente hacia ellos.

—¡Por la izquierda, Nella! —gritó Amy—. ¡Aquí conducen por la izquierda!

—¡Tienes razón! ¡Vaya diarrea mental!

Nella se colocó en el carril de la izquierda y aceleró. Atravesó una intersección sin ceder el paso a nadie. Pegada al lado izquierdo de la calle, Nella pasó de largo a toda velocidad varios edificios encalados, alambradas, mujeres cargando cubos en la cabeza y motos en las que viajaban tres hombres.

Un ruido de neumáticos hizo que Dan se volviese. Por la ventana de atrás, pudo ver el Hummer atascado en el cruce, rodeado de conductores que no dejaban de pitar.

Nella pisó el acelerador todo lo a fondo que pudo. La ciudad era pequeña y la carretera se estrechó de cuatro carriles a dos. En las afueras de la ciudad, el paisaje era llano y verde, con afloramientos distantes que semejaban enormes puños de piedra. El ganado pacía en los pastos y el área estaba plagada de chozas de latón y cabañas de madera.

—Parece que los hemos despistado —afirmó Amy.

Pero Dan no perdía de vista la luna trasera. Un ligero zumbido comenzó a crecer, como un avión que se acercara.

Después, entre la nube de polvo, una amplia silueta negra se abrió paso en la calle.

La lengua de Dan estaba estropajosa.

—¡*Hummu!* —gritó—. ¡*HUMMU!*

El NIDO DE LA VÍBORA

Cuando Nella había comenzado a coger velocidad en la cuesta, un rebaño de cabras se atravesó en el camino del Yugo. El cabrero era un anciano con el rostro curtido que cantaba para sí mismo y golpeaba el suelo con un bastón al ritmo de la canción.

Cuando las cabras vieron el coche, levantaron la cabeza como diciendo «Lo sentimos, pero nosotras hemos llegado antes».

—¡SALID DE EN MEDIO! —exclamó la niñera.

—¡Son cabras! —dijo Amy—. ¡No te entienden!

—¡Noooo! —gritó Dan.

Nella pisó el freno con fuerza. El Yugo giró hacia la izquierda y se adentró en la reseca llanura. Dan esperaba oír una masacre de cabras, pero sólo oyó el ruido de las rocas quebrándose bajo las ruedas.

Después, desde detrás de ellos, oyeron un crujido hueco y sobrenatural...

El muchacho abrió los ojos. El Yugo volaba a toda velocidad campo a través, sin cabras.

El olor a goma quemada alcanzó a Dan desde detrás. Se volvió para mirar por la luna trasera. Las cabras se habían diseminado por toda la carretera, y todavía masticaban, balaban y seguían sanas y salvas. El Hummer se las había arreglado para esquivar el rebaño y había acabado de lleno en un gallinero. Una nube de plumas blancas salió despedida por los aires, y las aves, muy enfadadas, expresaron con energía su desaprobación.

Un granjero llegó hasta ellos en una furgoneta violeta, salió del vehículo y comenzó a gritarles.

Dan se acomodó en su asiento y suspiró aliviado. Rozó la lengua contra los labios para tratar de disminuir el dolor, mientras Nella volvía a entrar en la autopista.

CAPÍTULO 11

Cuando, después de una siesta, Dan abrió los ojos, el Yugo estaba aparcado debajo de un árbol en lo alto de una colina. Más abajo, en un campo, un grupo de hombres jugaban al fútbol.

Presionó la lengua contra el paladar. La punta aún le dolía, pero ahora ya no estaba tan hinchada.

—Ay...

—¿Dónde estamos? —preguntó Amy.

—Hemos parado para comer —les informó Nella—. Estamos justo a las afueras de Pretoria. Hay un bar ahí en la calle, pero me pareció que sería mejor esconder el coche aquí por si nuestros amigos vienen tras nuestros pasos.

—Eh... Chicos, ¿eso es lo que yo creo que es? —dijo Dan, mirando por encima del hombro de su hermana.

Amy se volvió. Una descomunal furgoneta violeta que iba dejando un rastro de plumas blancas avanzaba pesadamente calle arriba, hacia ellos.

—¿Qué hace eso aquí? —preguntó la joven—. Pertenece al dueño del gallinero que el Hummer destruyó.

—A menos que los tipos del Hummer lo hayan secuestrado —respondió el muchacho.

—¡Vamos! —Nella entró en el Yugo de un salto y giró la llave de encendido. El motor comenzó a petardear y resollar hasta que se quedó en silencio. Trató de arrancarlo de nuevo, pero definitivamente el motor del coche estaba muerto.

—¡Corred! —exclamó Amy.

Echaron a correr hacia el campo de fútbol. Los jugadores se detuvieron, y los miraron desconcertados. Más allá del campo, al final de la colina, se extendía una densa arboleda. No sería difícil perderlos allí.

Amy llegó al bosquecillo a poca distancia de Nella, pero cuando echaron la vista atrás, descubrieron que Dan no iba con ellas.

—¿Dónde narices...? —se extrañó Nella.

Dan estaba charlando con uno de los jugadores de fútbol, haciendo gestos hacia la furgoneta. El hombre asentía atentamente mientras los otros jugadores los rodeaban.

—¡Dan! —comenzó a gritar Amy, pero Nella le puso la mano sobre la boca.

Poco después, el muchacho fue hacia ellas.

—¡Apresuraos! —exclamó—. ¡Tenemos que escondernos!

—¿Qué estabas haciendo? —susurró Amy.

—Es momento de correr; las charlas, luego. —Dan comenzó a correr entre los árboles, dejándolas atrás. Encontró un sendero que serpenteaba a lo largo de la cresta de la colina. Cuando consiguió ver el campo de fútbol de nuevo, se escondió detrás de un frondoso arbusto.

—Ahora sólo hemos de esperar —dijo—. Si todo sale bien, habrá una gran pelea ahí abajo. Entonces volveremos al coche e intentaremos arrancarlo otra vez.

Amy y Nella se sentaron a derecha e izquierda de Dan. En el terreno de juego, el equipo había rodeado a cinco personas vestidas con elaboradas y coloridas togas africanas y extraños sombreros de plumas. Uno de los jugadores, que parecía ser el capitán del equipo, hacía gestos airadamente.

Poco después, los perseguidores de Amy y de Dan se sacaron las togas. El más corpulento fue el primero en desprenderse del gorro. Tenía el pelo puntiagudo y cortado al cepillo; la cabellera de Eisenhower era inconfundible, igual que el pitbull baboso que saltaba alrededor de las líneas de banda.

—¿Los Holt? —preguntó Dan.

Amy sujetó el brazo de su hermano.

—Ésa es la misma ropa que llevaban cuando los he visto agachados en el Hummer. Parece que ésa es su forma de ir de incógnito. ¿De qué hablabas con los jugadores?

—Les he contado la verdad, más o menos —respondió Dan—. Que las personas de la furgoneta eran unos tipos despiadados que persiguen a unos niños inocentes. Venga, vamos, hay que prepararse para salir.

Amy echó un vistazo a su izquierda y echó a andar por el sendero que les llevaba hasta el coche. Durante unos cincuenta metros, más o menos, iban a estar totalmente expuestos.

Abajo, Eisenhower gritaba y empujaba a uno de los jugadores, pero Hamilton se mantuvo al margen y aprovechó para cepillarse el pelo con un espejo de mano y acicalarse.

La luz del sol se reflejó en el espejo de Ham. Dan retrocedió, cubriéndose la cara con la mano.

—Vaya estúpido.

El resplandor cayó entonces sobre Nella.

—¡Ay! ¡Vaya, muchas gracias! Vayámonos de aquí.

—Espera —respondió Amy—. Creo que está apuntando hacia nosotros a propósito.

Dan se quedó de piedra.

—¡Por favor, Nella, no te muevas de ahí! ¡Está mandándonos un mensaje!

—¿Un qué? —preguntó la niñera.

—Di-di-di, da-da-da, di-di-di —murmuró Dan.

—La señal de socorro estándar en código Morse. ¡Hamilton está usando el código Morse! ¡Increíble! ¡Como en la segunda guerra mundial!

Se sacó la tarjeta de Shaka del bolsillo y se la dio a Amy.

—Sujeta esto bien alto. Intenta atrapar los destellos del espejo lo mejor que puedas. Yo iré escribiendo las letras.

—¿Conoces el código Morse? —preguntó Nella.

—¡Claro! —respondió Dan.

Cuando Dan sacó el lápiz y papel de caramelo los brillos habían cesado. Pero comenzaron nuevamente en cuanto Amy levantó la postal.

Dan comenzó a susurrar al mismo tiempo que iba escribiendo:

—Da-da... di-da... di-da-di... da-di-da-di... di-di-di-di... di-da... da-di-di... di-da... di-di-di-di... da-da-da... di-da-di... di-da... da-di-da-di... di-di-da... di-di... da-di-di... di-da... da-di-di... da-da-da.

De repente, Hamilton se metió el espejo en el bolsillo y corrió hacia el campo. Los futbolistas africanos le tomaban el pelo en una mezcla de idiomas.

—¿Qué dice? —preguntó Amy.

Dan le mostró lo que había escrito:

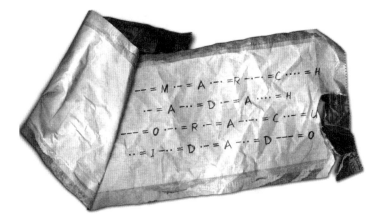

```
·–·=M ·–·=A ·–·–·=R ·–––·=C ·–·–·=H
·–·=A ···–·=D ·–·=A ·····=H
·–––·=O ···–·=R ·–·=A ·–·–·=C ···–·=U
···–·=I ···–·=D ·–·=A ·–·=D ·–––·=O
```

Dan leyó las letras:

—¿*Marcha dahoracui dado?*

—Eh... No soy más que una estúpida niñera —dijo Nella—. Pero yo creo que ahí pone *Marchad ahora. Cuidado.*

BRUUUUM... CLA-CLA-CLA-CLA.

Amy miró hacia arriba para comprobar de dónde provenía el ruido.

En lo alto de la colina, unos veinte metros más allá y fuera de la vista de los Holt, el Yugo amarillo se había detenido repentinamente en un claro. La ventanilla del conductor estaba cubierta de tierra.

Un brillante zapato a dos tonos salió del coche en primer lugar y pisó el suelo seguido de un par de pantalones de lino de color crema.

—Saludos, mis queridos sobrinos —dijo Alistair Oh.

CAPÍTULO 12

—¡Aquí... estás! —exclamó Amy—. ¿Cómo has conseguido escapar?

—¿Cómo nos has encontrado? —preguntó Dan.

—¿Cómo has arrancado el coche? —dijo Nella.

—El tiempo lo explicará todo, queridos míos. —Alistair señaló apuradamente la puerta del auto—. Sugiero que entremos en el carruaje y nos alejemos de nuestros musculosos enemigos.

—¡Yo conduzco! —exclamó Nella, corriendo hacia el asiento del conductor.

—Déjame a mí —sugirió Alistair, bloqueándole la entrada.

Amy dio un paso adelante y después se paró de golpe.

«Marchad ahora. Cuidado.» Ésa era la advertencia.

«Hamilton no se refiere a los Holt —pensó ella—. Se refiere a Alistair: cuidado con Alistair.»

—¡No, Nella! —insistió la joven—. ¡No entres ahí!

Amy clavó la mirada en su tío Alistair, que tenía la cabeza inclinada hacia un lado, lo que hacía que su chal de seda amarillo estuviese ligeramente arrugado.

—¿Adónde vas cuando no estás con nosotros? —preguntó Amy.

—¿Amy...? —protestó Alistair, limpiándose la frente con un pañuelo blanco.

La muchacha respiró profundamente y contó hasta tres. Era una técnica que su madre le había enseñado. A veces con eso era suficiente para consultar con tu corazón sin que te interrumpiera el cerebro.

—Piensa en esto, Dan. Siempre le abrimos nuestros corazones. Él aparece como por arte de magia para salvarnos y nosotros le contamos todos nuestros descubrimientos. Y entonces, desaparece. ¿Qué hace con la información? ¿Y cómo es que él y los Holt nos han encontrado al mismo tiempo aquí, en medio de Sudáfrica?

Dan miró incómodamente al tío Alistair. Nella se alejó de la puerta del coche.

—Por si necesitáis saberlo —explicó Alistair, mirando nervioso colina abajo—, estaba preso en Indonesia bajo acusaciones falsas, pero he escapado. Me imaginé que, por la canción, habríais venido a Pretoria, pero la mayoría de los vuelos internacionales aterrizan en Johannesburgo. Me las arreglé para convencer a unos empleados de las líneas aéreas de que me permitiesen hojear las listas de los vuelos. Necesité dotes detectivescas para averiguar qué coche habíais alquilado en el servicio de alquiler de vehículos, pero a los Ekat se nos dan bien esas cosas. Contraté a un chófer para que me llevase a Pretoria y entonces vi el Hummer, que me hizo sospechar.

—Y lo seguiste... —añadió Amy.

—Exactamente —respondió Alistair—. ¿Podemos irnos ya?

—Espera —dijo Dan—. ¿Cómo nos han encontrado los Holt?

—¡Podemos hablar dentro del coche! —exclamó Alistair.

—Eres un tipo inteligente —añadió Amy—. Escuchaste a Nella cantando la canción y... ¡paf! Descubriste adónde ir. Estás años luz por delante de cualquier equipo. ¿En serio quieres que creamos que los Holt han descubierto todo esto sin tu ayuda?

Alistair inclinó la cabeza de forma curiosa.

—¿Estás sugiriendo que tengo una alianza con los Holt? ¡Pero si ni siquiera puedo mantener una conversación con ellos!

—Vamos, tropa —dijo Nella, mientras abría la puerta del coche—. Será mejor que dejemos aquí al Viejo Hombre Burrito con la familia Frankenstein. Tal vez lo usen como balón de fútbol cuando descubran que su plan ha fallado.

—No estaréis pensando en dejarme aquí, ¿verdad? —suplicó Alistair, mirando a Amy. Su rostro reflejaba miedo, pánico. Amy reconoció aquella expresión: era la misma que había visto dos noches antes.

«Estaba dispuesto a salvarnos la vida. Cuando Irina apareció, Alistair estaba a punto de saltar del antepecho por nosotros.»

En realidad, había visto esa misma expresión en otra ocasión, siete años antes. Cuando había entrado en su casa para robar un poema. Un poema que contenía una pista escondida. Hope Cahill y Arthur Trent pensaban que el poema podría ayudar a resolver el misterio de las 39 pistas.

«Sólo queremos lo que es nuestro.»

Alguien había dicho eso durante aquella noche. Amy había oído la voz desde el estudio, justo después de que la conmoción la despertase.

«La voz de Alistair.»

Alistair no era quien había incendiado la casa, pero podría haber dicho algo. Podría haberlo impedido...

—¿Amy...? —dijo Alistair—. ¿Te encuentras bien, querida?

Amy lo miró a los ojos.

—¿Por qué no se lo contaste? ¿Por qué no les dijiste que ya tenías el poema?

—Yo... Éste no es el momento... —farfulló él.

—Podrías habérselo dicho —prosiguió Amy—. Podrías haber gritado «¡Tengo el poema!». ¡Ella echó a correr directa a un incendio, tío Alistair!

—Competía con muchas personas —explicó Alistair—. No veía las cosas con claridad. Eisenhower tuvo aquella ridícula idea de que podíamos usar la manguera del jardín colindante...

—¿Eisenhower Holt también estaba allí? —preguntó Amy.

—Y también su mujer, Mary-Todd —dijo Alistair.

Dan estaba colorado.

—¿Cuántas personas había allí... de brazos cruzados sin hacer nada por ayudarlos?

«Eisenhower.»

Sí, Amy acababa de ubicarlo en los recuerdos que conservaba de aquella noche. Un hombre brusco con el pelo de punta.

«Estaban todos allí, unidos. Quizá ellos no prendieron fuego a la casa, pero sin su presencia nada de aquello habría pasado. Eran unos asesinos, todos y cada uno de ellos.»

La muchacha tenía los ojos llenos de lágrimas, pero no lloró. Sin pensar, agarró el chal de seda del tío Alistair y tiró de él hasta tenerlo frente a frente.

—Me da igual si estás aliado con ellos o no —dijo—. De cualquier forma, cuando te encuentren, te harán la vida imposible.

Lo soltó y se sentó en el asiento trasero, junto a Dan. Nella encendió el motor.

—Esperad... No podéis... —protestó Alistair, liado con algo que tenía en el puño de su bastón.

—¿Tú crees? —dijo Nella, pisando el acelerador—. Mírame.

Alistair Oh se alejó tambaleándose de la nube de humo y polvo. Nunca había visto a la muchacha tan enfadada.

Trabajar con los niños iba a ser prácticamente imposible en adelante.

«Sabías que esto podía pasar, Alistair —se dijo a sí mismo—. Son los nietos de Grace.»

Eran inteligentes. Demasiado inteligentes. Lo habían descubierto todo pero, para su desgracia, no habían entendido sus motivos.

Los Holt, como siempre, lo habían estropeado todo.

¡Quién sabía cómo se las habrían arreglado aquellos burros para llegar hasta Sudáfrica! O cómo se las habían arreglado para tenderle una emboscada en el aeropuerto. El viaje en el Hummer y en el camión de pollos había sido extenuante, pero no tenía ni punto de comparación con la humillación de convertirse en su señuelo.

«Tienen miedo de nosotros, Alistair, pero no de ti —le había dicho Mary-Todd—. Avanzaremos despacio y los asustaremos. Tú deberás esperarlos detrás y traérnoslos.»

«O eso o la muerte», había añadido Eisenhower.

Alistair se sacudió el polvo y levantó su bastón. Ninguno de ellos recordaba que Oh Enterprises había sido el brillante patrocinador de la asociación de automóviles NASCAR. Ninguno de ellos sabía que Alistair Oh era capaz de manejar hasta el más humilde coche.

Echó un vistazo colina abajo. La discusión aún estaba candente. Pero no tardaría mucho en llegar a su fin y pronto los Holt irían a por él. Tenía que aprovechar el momento para escapar zumbando.

De camino a la calle, percibió un destello plateado en el suelo: un teléfono móvil. Probablemente estuviese roto, pero cabía la posibilidad de que alguien lo hubiera perdido allí durante un reciente picnic. Si siguiera en funcionamiento, podría utilizarlo para llamar a un servicio de coches.

Cuando recogió el teléfono, vio parpadear el aviso de entrada de un mensaje de texto. Pulsó en Leer.

«SBS! M347»

Era una pena que la gente ya no se comunicase con palabras de verdad. Hasta el momento llegaba a «a2», «bss», «dnd», «xq», «kk» y «PF», pero desconocía el significado de «sbs». ¿«Sólo bebo sidra», quizá?, ¿«Sudor bajo los sobacos»?, ¿«Super Bowl sensacional»? De pronto se estremeció: «Salsa para Burrito de Sushi», la exitosa línea de productos que había causado el hundimiento de su empresa. Él estaba tan obsesionado con las 39 pistas que había cometido la negligencia de no supervisar los almacenes, lo que resultó en trece personas enfermas y una bancarrota.

Rebuscó en los menús del teléfono para tratar de identificar al dueño del aparato, pero no encontró nada. Finalmente, marcó el número de información telefónica y se llevó el móvil a la oreja.

Había interferencias y el sonido se entrecortaba.

Finalmente, dejándolo por imposible, devolvió el teléfono al suelo y, con cuidado, volvió a ponerse el bombín que se le había caído.

¡PLAS!

Un balón de fútbol se lo sacó de nuevo.

—No des un solo paso —dijo una voz ronca desde detrás de él—. Manos arriba, a la altura de la cara... ¡Ya!

Alistair trató de no temblar mientras se volvía.

—Espero que te sepas defender —dijo Eisenhower Holt.

CAPÍTULO 13

Dan se preguntaba cómo se las habría arreglado Shaka Zulu para soportar un viaje en Yugo con dos mujeres que no dejaban de discutir sobre el alojamiento.

—Tú eres la que se preocupa por el dinero —dijo Amy—. Una tienda sería lo ideal, podríamos usarla a diario.

—Yo necesito un espejo, sábanas limpias y esos pequeños jaboncitos empaquetados —objetó Nella—. Me gusta llevármelos porque así puedo recordar el lugar en el que he estado cuando después los uso en casa...

—Esta búsqueda no está relacionada con la comodidad —respondió Amy—. Te estás comportando como los Kabra y Alistair: estás siendo una consentida y una quisquillosa. Primero los secretos y ahora es...

—Discúlpeme, señorita Controladora de Enfados —la interrumpió Nella—. ¿Qué te ha pasado a ti?

—¡Córtenles la cabeza! —anunció Dan.

—Que te zurzan, Shaka —respondió Amy, con un aire de aburrimiento.

Sin embargo, Dan la ignoró. Un guerrero valiente nunca se rinde, así que siguió esforzándose en concentrarse en la postal de Shaka, que ahora estaba arrugada y empapada de sudor tras su aventura.

Miró detenidamente las tres últimas líneas:

BIMRSESOSEIM GEKK #4
BGOQBG GEKK
ALFA>1

—Esto no parece normal —dijo.

—Muchas palabras africanas tienen pronunciaciones extrañas. —Amy se había metido en su papel de profesora—. Hay algunas tribus, como la xhosa, que chasquean la lengua en mitad de las palabras.

Tal como la había pronunciado Amy, aquella palabra era un chasquido más la terminación «osa».

—Ya, pero esas palabras tienen puntos raros sobre algunas letras o combinaciones extrañas como «xs» y cosas así... —dijo Dan—. Esto es diferente, no parecen palabras africanas. Son simplemente... extrañas.

—Si no son extrañas expresiones africanas, tal vez sean extrañas expresiones holandesas —intervino Nella—. En holandés se utilizan muchas letras dobles. Mi tía se casó con un tipo llamado Vanderdoonk.

Amy miró los nombres más de cerca.

—¿Los hermanos Gekk? Pero si ya te dije que éstos son los conductores de limusinas. Esto no es más que una tarjeta de negocios para un servicio de taxis.

—¿Y qué me dices de lo que pone debajo del nombre? —preguntó Dan.

—Alfa mayor que uno —respondió Amy—. Alfa quiere decir A, o sea, lo mejor. Se están vendiendo; es un anuncio.

Dan comenzó a escribir garabatos por toda la tarjeta.

—Creo que está escrito en código. «Alfa» significa «alfabeto». Y diría que mayor que uno es en realidad una flecha que apunta a la derecha. Podría querer decir «sustituye cada letra con la de su derecha». La B, por ejemplo, sería la C.

—¿Lo dices en serio? —preguntó Nella.

Dan comenzó a sustituir las letras, una a una.

CJNSTFTPTFJN HFLL #4

—Ya me parecía que era una idea tonta —añadió Dan.

—Espera un momento —dijo Amy—. ¿Y si en vez de utilizar un simple código de sustitución probamos a reemplazar cada consonante por la siguiente consonante y cada vocal por la siguiente vocal? La B se convertiría en la C y la I en la O, por ejemplo.

—¿Tú también? —volvió a preguntar Nella.

Dan se puso a escribir de nuevo:

CONSTITUTION HILL #4

—¡Bingo! —exclamó Amy, que comenzó a hojear unos panfletos que había guardado en la guantera.

—Constitution Hill... es una región de Johannesburgo, en la que hay una antigua cárcel. El número cuatro debe de ser la dirección.

—¿Johannesburgo? ¡Creí que íbamos camino de Pretoria!

—No olvides el otro nombre: Gekk —respondió Dan, que se apresuró a descodificar aquella parte usando el método de Amy.

CHURCH HILL

—Church Hill, ¡búscalo, Amy! —dijo Dan.

Su hermana negó con la cabeza.

—No, no lo encuentro. Deberíamos comprar un mapa mejor. Pero al menos tenemos por dónde empezar. Bueno, Nella, parece que nos va a tocar volver atrás por donde vinimos del aeropuerto, dirección Johannesburgo.

—¿Y si es Church Hill lo que tenemos que buscar en Pretoria? —preguntó Dan—. ¡Es que ya casi hemos llegado!

Nella clavó el pie en el freno y se dirigió a una intersección al final de la calle.

—Vaya, vaya, chicos. He conducido un Yugo haciendo filigranas para escapar de los Holt y de un anciano escurridizo y evitar a duras penas morir entre cabras. Estoy que no me tengo en pie. Os llevaré a donde queráis, pero antes quiero dar por terminada la discusión con Amy... así que soy yo quien decide dónde nos alojamos, ¿de acuerdo? Y mi decisión es que vayamos a un hotel. Y como no lo reservemos ahora mismo, acabaremos durmiendo en el coche. —Se metió la mano en el bolsillo—. ¿Alguno de vosotros tiene mi teléfono móvil?

—No —respondieron los dos niños al unísono.

Nella miró por el suelo y después en la guantera.

—Qué raro. Lo llevaba conmigo mientras estábamos en aquel campo.

—Lo más probable es que los Holt lo estén pateando como si fuera una pelota.

—Vaya lío —dijo Nella—. Y no es ninguna broma. Tengo que recuperar ese teléfono.

—La compañía de teléfonos se encarga de guardar todos tus datos —explicó Dan—. Los números de teléfono de tus novios, por ejemplo.

—No tiene gracia —insistió Nella—. ¡No lo entendéis! ¡Necesito ese teléfono!

Dan miró a su hermana. Aquélla no era la Nella de siempre.

—¿Quién es ahora la que tiene problemas para controlar sus enfados? —preguntó Amy, por lo bajini.

Nella respiró hondo y apoyó la cabeza sobre el volante.

—Está bien, lo siento. Voy a perder la cabeza. ¿Puedo usar tu teléfono, Amy?

Amy se lo entregó. Mientras Nella llamaba, Dan sacó su móvil y entró en su cuenta de email. Miró fijamente el mensaje más reciente:

```
ganamos. 10-7
ilikeike
```

—Oye, Amy —dijo Dan, mostrando la pantalla de su teléfono a Amy—, ¿conocemos a alguien con este nombre?

—Ilikeike... —Amy se encogió de hombros—. Parece un nombre hawaiano.

Dan respondió el email:

```
genial. ¿quién eres?
```

Poco después, recibieron la respuesta:

```
Cedamos a 100 m n de BOOM, con P Kruger
o tacoman hará BOOM
ilikeike
```

—El número está mal —confirmó Dan.

—Espera un segundo —respondió Amy—. No es hawaiano.

¡«I like Ike» fue el eslogan de una campaña presidencial de la década de los cincuenta!

—Los hechos históricos me hacen temblar de la emoción —añadió Dan.

—¡La del presidente Dwight David Eisenhower! —siguió Amy—. Eisenhower.

Dan miraba fijamente la pantalla.

—Tacoman... Pero si lo del tío Alistair eran los burritos... Claro que... sí, eso es algo muy típico de Eisenhower.

—¡Exacto! —exclamó Amy—. Y creo que c-e-d-a-m-o-s debería ser q-u-e-d-a-m-o-s. Quiere que nos encontremos con él... o algo malo le sucederá al tío Alistair.

—Chicas, ¿y si todo esto es una trampa?

—¿Y si no lo es? —respondió Amy—. Piénsalo bien, Dan. Los Holt encontraron sin duda a Alistair en lo alto de aquella colina cuando nosotros nos fuimos. Si estaba compinchado con ellos, los Holt estarán enfadados con él por no habernos entregado. Y si no había planeado nada con ellos, lo estarán igualmente por encontrárselo interfiriendo en sus asuntos.

—No podemos ignorar esto así sin más —opinó Nella.

—Claro que podemos —respondió Amy secamente—. ¿Por qué tenemos que correr de aquí para allá por un país que no conocemos y arriesgar nuestras vidas? ¿Qué le debemos a Alistair?

Dan miró a su hermana incómodo.

—¿Amy...? Estoy seguro de que no hablas en serio, ¿verdad?

Amy, colorada, miró hacia otro lado. Respiró profundamente y murmuró algo que él entendió como un sí.

—De acuerdo... —asintió Dan—. Cien eme ene... son cien metros al norte de... ¿qué debe de ser Boom? —Alargó el brazo y cogió el mapa de Pretoria de su hermana. En el lado derecho incluía una lista con los nombres de las calles ordenados alfabéticamente—. Es una calle al norte de la ciudad, ¡cerca del zoo! Al lado de la calle Paul Kruger.

—Un momento, niños y niñas —dijo Nella, devolviéndole el teléfono—. Los Rossi y los Cahill... ¡Boom!

La calle Boom rodeaba un enorme prado sobre el que se asentaba el zoo. En la esquina de Paul Kruger, Nella cogió una curva cerrada hacia la izquierda que hizo chirriar las ruedas.

Una señal de tráfico enclavada en un caballo de madera decía:

Peligro: zona de obras

Sólo cascos duros*

En la parte de abajo, garabateadas en una letra ilegible junto a un asterisco, estaban las palabras «*¡y Cahill!».

—Rodéalo —propuso Dan—. Está más arriba.

Tras la señal, la calle descendía en una empinada pendiente. Al fondo, había una furgoneta violeta aparcada. El tío Alistair estaba frente al vehículo, en posición firme, con el bastón en la mano y su bombín elegantemente colocado sobre la cabeza.

Nella metió primera y fue descendiendo la colina con el pie sobre el pedal de freno. Al oír el sonido del motor, Alistair levantó la vista e hizo un gesto con la mano invitándolos a acercarse.

—Alistair está trabajando con los Holt —susurró Amy.

—Da la sensación de estar preocupado por algo —añadió Dan.

—Tened cuidado —respondió Nella.

A medida que se acercaban, el gesto de Alistair se volvió más exagerado.

—Chicos, ¿qué tiene en el sombrero?

Dos cables azules salían de debajo de su bombín y se extendían hasta la ventanilla del conductor de la furgoneta. Amy no logró ver si había alguien dentro del coche, pero Alistair miraba agitado al otro lado de la calle.

Allí, al lado de una robusta y nudosa acacia, estaban Eisenhower, Mary-Todd, Reagan, Madison y Hamilton Holt, junto a su perro, *Arnold*. Eisenhower los miraba con malicia y con aires de triunfo. Su cuello era del color de la carne poco hecha. En la mano sostenía una larga cuerda amarilla que se alargaba hasta el sombrero de Alistair.

—Charlemos —sugirió.

—Larguémonos —dijo Dan.

Nella dio marcha atrás al coche.

El rostro de Alistair palideció.

—¡No! ¡No os marchéis! —exclamó—. La retirada no es recomendable. Insisto: es una pésima idea.

—¡Al menos, si valoráis la vida humana! —gritó Eisenhower.

—¡No lo escuchéis! —respondió Amy—. ¡Vamos, Nella, acelera!

—¡Atención! —añadió el señor Holt, con el brazo en alto—. Vuestro tío está tecnológicamente unido a la batería de la furgoneta, gracias a lo que aprendí y perfeccioné en el Laboratorio de Explosivos 101 con el instructor Todd Bempster en mi escuela militar, en una clase que no es de vuestra incumbencia, de una forma demasiado electrónica como para explicárosla en términos simples pero lo suficientemente sencilla como para instalarla con la ayuda de...

—Ve al grano, cariño —sugirió Mary-Todd. Eisenhower sujetó la cuerda con una sonrisa triunfante—. Si el sombrero se separa de la cabeza de Alistair, la furgoneta explotará.

—Eso es un farol —respondió Dan, agitado.

—No creo. —Amy sabía que Eisenhower quería negociar, y esa idea le gustaba.

«Ahora por fin entenderás qué sintieron nuestros padres, tío Alistair. Esta vez serás tú el abandonado y no quien abandona.»

—¡Tú, la del Yugo. Cruza la calle si valoras tu vida! —gritó Eisenhower—. ¡A la de ya!

Amy respiró profundamente. Trató de agarrarse a algo coherente en su cerebro, pero los pensamientos volaban de un lado a otro en su cabeza, oscuros y escurridizos como murciélagos.

Gentilmente, Dan colocó la mano sobre el hombro de su hermana.

—Sígueme.

Salió del coche y caminó cuesta abajo hacia los Holt. Amy iba detrás de él, aturdida. Ambos percibieron que, al otro lado de la calle, las caras de Reagan y de Madison comenzaban a cambiar... como si estuviesen aliviadas. La muchacha se dio cuenta de que nada de lo que estaba pasando había sido idea suya. Hamilton estaba cabizbajo y alarmado.

Trató de mirarlo a los ojos, pero él parpadeaba muy rápido, como si estuviera avergonzado, o evitando llorar. De repente, se sintió agradecida hacia él por haberle salvado la vida y por ayudarles con lo de Alistair.

—¿Ham...? —dijo ella.

Eisenhower golpeó con su enorme mano el hombro de su hijo, que casi se cae al suelo.

—Sabemos que habéis venido en busca de la pista Tomas.

—¿Ah, sí? —preguntó Nella.

Madison puso los ojos en blanco.

—No eres nada convincente.

—En realidad —murmuró Reagan—, sí que lo es.

—Cuando escuchamos en aquel barco de Indonesia que vuestro siguiente destino era Peoria —dijo Eisenhower—, nos aseguramos de que no os perderíamos de vista.

—Querrás decir Pretoria —corrigió Nella.

—Mi marid... eh... nosotros metimos la pata a la hora de reservar el vuelo —explicó Mary-Todd—. Las dos opciones estaban tan próximas en el menú desplegable... Pero bueno, gracias a ese error ahora estamos aquí.

—¿Nos habéis encontrado por error? —preguntó Amy, y luego miró a su hermano. Sin embargo, Dan tenía la mirada clavada en algo más allá. Era como si estuviese hipnotizado.

—¿Con quién os vais a reunir aquí? —quiso saber Eisenhower.

—Reagan ha estado investigando —explicó Madison mientras colocaba el chicle debajo de la lengua—. Ha descubierto que los Tomas tienen una pista y que está relacionada con una tribu sudafricana.

—Pero si es una pista Tomas, ¿cómo es que no la conocéis? —preguntó Dan.

—Renacuajo sabihondo —respondió Eisenhower—. Sois igual que los demás. Siempre riéndoos de nosotros. Mirándonos por encima del hombro. Manteniéndonos alejados de los secretos familiares.

—Amorcito... —dijo Mary-Todd—. Tu presión sanguínea...

Cuanto más se enfadaba Eisenhower, más roja se ponía su cara. Agarró en un puño la cuerdecilla. A Amy le pareció oír un gemido saliendo de la boca de Alistair.

—¡No! —gritó Nella.

—¿Quién es vuestro contacto? —preguntó Eisenhower—. ¿Dónde está la pista Tomas?

«Mantén la calma», se dijo Amy a sí misma, entre temblores.

Observó a su hermano, que seguía paralizado, mirando fijamente hacia delante.

—El gorro de vuestro tío —explicó el señor Holt, en un tenso pero moderado tono— está conectado a un cable a través de un imán, creando así un circuito. Si el sombrero se desplaza, el circuito se rompe y la furgoneta... ¡boom! Por si eso no fuera suficiente, un cable suelto ha sido cuidadosamente adherido sobre la base del cráneo del señor Oh. Quinientos voltios. Sería horrible que algo así sucediese en un día tan bonito como el de hoy, ¿no creéis?

De repente, Dan despertó de su trance.

—¡Sé cuál es la pista! —exclamó.

Amy se volvió hacia él.

—¿La sabes?

Su hermano estiró el brazo hacia atrás.

—Necesito el mapa. Con permiso, señor.

—¿Mapa? —se preguntó Amy, que lo miraba confundida.

—¡De acuerdo! —le gritó Eisenhower—. Pero ya sabes qué sucederá como intentes algún truco.

Dan corrió hacia el Yugo, sudando. Le temblaban los dedos. Abrió la puerta del pasajero y se inclinó hacia el interior.

—¿Miau?

Saladin maulló hambriento desde el asiento trasero.

—¡Guau! —ladró *Arnold*, que echó a correr repentinamente. Su correa salió volando de la mano de Mary-Todd.

—¡No! —exclamó Amy—. ¡Cierra la puerta, Dan!

Dan se incorporó y miró hacia atrás. Tuvo apenas tiempo

de abalanzarse al interior del coche y cerrar de un portazo antes de que la cabeza de *Arnold* chocase brutalmente contra la puerta.

El Yugo comenzó a rodar colina abajo, directo hacia la furgoneta.

—¡Levanta el freno de mano! —gritó Nella, que había echado a correr hacia el coche.

—¿El qué? —preguntó Dan.

—¡Va a chocar contra la furgoneta! —exclamó Reagan—. ¡Detenedlo!

—Oh... no... no, por favor... —murmuró Alistair, que había palidecido y parecía aterrorizado.

—¡Esto no formaba parte del trato! —bramó Eisenhower.

Hamilton Holt echó a correr a lo largo de la calle. Abrió la puerta delantera de la furgoneta, entró en ella y comenzó a rebuscar entre el lío de cables azules del salpicadero.

El Yugo iba cogiendo velocidad.

—¡La palanca del centro! —gritó Nella—. ¡Tira de ella!

Hamilton salió del vehículo de un salto y, de espaldas a los demás, se inclinó hacia Alistair. Después dio media vuelta y volvió junto a los suyos.

El Yugo estaba a cinco metros... tres...

—¡Ahora! —gritó—. ¡Haz que pare ahora, Dan!

Amy oyó entonces un ruido metálico. El Yugo derrapó hacia la izquierda y se salió de la calzada.

Miró horrorizada el guardabarros trasero del lado derecho, que había quedado aplastado contra la furgoneta.

—¡Dan! —gritó, y echó a correr hacia él...

Su hermano temblaba y tenía la mirada clavada en el volante del coche. Finalmente se había detenido.

Y él estaba de una pieza.

Hamilton, Nella y Amy se acercaron al Yugo y lo rodearon.

—He reconfigurado el mecanismo —explicó Hamilton—. Ahora dispone de un temporizador. Tenemos tres minutos. Coged esto y marchaos.

Entregó a Amy un trozo de papel doblado en varias partes y echó a correr hacia su familia.

—¡Vamos! —les gritó—. ¡Está a punto de explotar!

Los Holt comenzaron a correr en la otra dirección. Con el rabillo del ojo, Amy vio a Alistair, que se estaba agazapando detrás de un árbol. Cuando los Holt se hallaban ya a medio bloque de distancia, comenzó a alejarse de la furgoneta, cojeando.

Amy sintió una mano sobre su hombro. Era Dan, que tiraba de ella para que entrase en el coche.

La puerta se cerró, Nella arrancó y el Yugo comenzó a alejarse de allí mientras la furgoneta volaba por los aires.

CAPÍTULO 14

Amy se estremeció al oír el sonido de la bomba que acababa de explotar en la calle Boom. Nella aceleraba el coche para incorporarse a la autopista.

—¡Increíble! —exclamó Dan, dando un palmetazo en el techo del Yugo.

Sin embargo, la joven Cahill tenía el corazón en un puño.

—¿Te parece que eso ha sido divertido? —le soltó—. ¡Podríamos haber muerto todos por tu culpa! ¿En qué estabas pensando?

—¿No lo has visto? —preguntó Dan—. Hamilton estaba parpadeando.

—¿Y qué? —preguntó Amy.

—¡Estaba parpadeando en código Morse, Amy! —explicó el muchacho—. ¡Di-di-di, di-da, da-di-da-di, di-da, di-di-da-di, di-da-di, di, da-di, da-da-da! En dos palabras: «saca freno». Estaba dándome instrucciones.

—¿Y tú has entendido lo que trataba de decirte? —preguntó Nella.

—Al principio me ha costado... —respondió Dan—. Pero él ha repetido varias veces el mismo mensaje. ¡Quería que creese una distracción!

—¿Estás loco? —le regañó Amy—. ¿Y si Hamilton no hubiera podido variar el cableado a tiempo? Has chocado contra la furgoneta, Dan. ¡Has chocado contra ella! ¡Crear una distracción no es lo mismo que morir!

El ánimo de Dan decayó y su rostro se oscureció. Se dejó caer hacia atrás en su asiento.

—¡Qué bien se te da fastidiar los buenos momentos!

El coche se quedó en silencio mientras Nella entraba en la autopista y se encaminaba hacia Johannesburgo.

—Muy bien, domingueros —dijo la niñera, animadamente—, ¿qué os parece si paramos a comprar un estupendo GPS para celebrar que hemos escapado, que Alistair también lo ha hecho, que Hamilton es un buen chico y que Dan posee una increíble habilidad decodificadora? Y ya puestos, también podríamos comprar algo de comer. —Observó que Amy y Dan se movían incómodos en sus asientos—. Sabía que os encantaría la idea. Estaré atenta para ver si encontramos un sitio.

Mientras atravesaban el reseco y llano paisaje, Amy miraba fijamente por la ventana.

—Me pregunto dónde estará ahora... Alistair.

—He visto que Hamilton le susurraba algo después de toquetear los cables —respondió Nella—. Seguramente le habrá dicho que se busque un burrito y salga de allí al galope.

Dan movió la cabeza. Increíble... Aquel chiflado había querido aniquilarlo.

Amy cerró los ojos. La idea era tan inhumana...

«¡Plas! ¡Bombín fuera!»

De repente sintió la necesidad de llorar.

Algo hervía en su interior, algo tan sucio y profundo que no podía definirlo.

—Yo... por un momento he deseado que muriera, Dan. Nunca me había sentido así antes. ¿Qué me está pasando?

—Eh, pequeña... —la consoló Nella, con gentileza.

Dan asintió.

—Te entiendo perfectamente, Amy. En serio.

—¿De verdad? —se extrañó Amy—. Pues yo no lo entiendo. Deberías echar un vistazo en mi cerebro, Dan. Es como una habitación oscura rodeada de arenas movedizas.

—Te entiendo perfectamente —repitió en susurros su hermano—. En ocasiones yo también odio estar en mi cerebro y tengo que salir de él.

—¿Y qué haces entonces? —preguntó la muchacha.

Dan se encogió de hombros.

—Voy a otros lugares: a los dedos de un pie, a los brazos... Pero principalmente es aquí adonde vengo —respondió el joven, dándose palmaditas en el pecho y poniéndose colorado inmediatamente después—. Ya sé que es estúpido.

—A mí no me lo parece —opinó Amy—. Ojalá yo también pudiera hacerlo.

—No es algo que se haga —explicó Dan—. Es decir, lo quieras o no, ahí dentro siempre se cuece algo. Así que de vez en cuando tenemos que dispersar las sombras y echar un vistazo más allá.

Amy respiró profundamente. La idea sonaba tan a... Dan. Cerró los ojos y pensó en los últimos días, en Alistair y en el hallazgo de las pistas, en Dan y en su «viaje corporal».

«Dispersar las sombras...»

Las arenas movedizas se desvanecían y el alivio comenzó a expandirse en su interior. Entonces se echó a llorar.

—Me odio a mí misma y odio lo que estoy viendo —añadió.

—¿Por qué? —preguntó Dan.

«¡Deja de desahogarte! —se reprendió a sí misma—. El desahogo te debilita. El desahogo implica compasión. Y la compasión implica confianza.»

«No os fiéis de nadie.»

—¿Por qué tienes unas ideas tan estúpidas, Dan? —le regañó la muchacha.

Dan sonrió.

—¡Ahora ya estás contenta! ¿Verdad? Me refiero a lo de Alistair.

—¡Pero no debería! —Amy luchó por no llorar de nuevo—. ¡No puedo! Él siempre consigue escapar. Mamá y papá no lo consiguieron, pero él sí. No es justo. Se merece morir.

—¿Amy? —dijo Dan.

—¡No quiero sentirme bien por haber salvado a Alistair! —confesó Amy—. Porque al salvarlo es como si estuviésemos traicionando la memoria de papá y mamá.

Dan asintió. Permaneció callado durante un buen rato y finalmente dijo:

—No tienes por qué evitarlo, Amy... Es normal que estés contenta porque sigue vivo. Creo que papá y mamá estarían orgullosos de ti. Ellos valoraban la vida. Eso es lo que los diferenciaba de algunos de esos Cahill. Y de los Madrigal.

Amy se quedó pensativa. Su hermano tenía razón. Ser como un Madrigal era el peor destino que jamás habría podido imaginar.

A veces, sólo a veces, a Amy le gustaría rodear a su hermano entre los brazos, pero la última vez que lo hizo él se había limpiado los hombros y había escrito «PA» en su camiseta, o sea, «Protección Antipiojos». Así que se limitó a sonreírle.

—¿Cómo lo sabes, Dan? Eras muy joven cuando murieron. ¿De verdad te acuerdas de ellos?

—No en mi mente —respondió Dan, observando el paisaje por la ventana—, pero sí en todos los otros lugares...

—Ahora gire a la izquierda... —dijo una voz que salía del salpicadero del Yugo.

—Muchas gracias, Carlo —respondió Nella con una sonrisa—. ¿Sabéis? Empiezo a plantearme seriamente casarme con Carlo. Yo le digo lo que hay que hacer y él lo hace sin protestar lo más mínimo.

El nuevo sistema de GPS de Nella, que habían bautizado con el nombre de Carlo, los estaba guiando hacia Johannesburgo. No demasiado lejos, un conjunto de rascacielos de acero y cristal se inclinaban gentilmente hacia una esbelta y elegante estructura similar a un cetro gigante.

El rostro de Amy estaba enterrado en un libro. Llevaba rato leyéndolo en voz alta, lo que hacía que el viaje pareciese quince horas más largo.

—La Circunvalación Occidental N1 forma parte del sistema de calles que rodean la ciudad. Es la carretera más transitada de toda Sudáfrica —recitó Amy—. A medida que se acerque al Constitution Hill, fíjese en la torre Hillbrow, una de las estructuras más altas del país, una especie de versión más modesta de la Aguja Espacial de Seattle.

—Esto... ¿Amy? —dijo Dan—. Es ahí donde estamos. En medio del tráfico. Y con la torre a la vista.

Amy lo ignoró.

—Busquemos la salida Jan Smuts.

—Ése podría ser el nombre de uno de los novios de Nella —dijo Dan. Nella estiró un brazo y le dio un puñetazo—. Yo le soy leal a Carlo. Él nos encontrará la salida.

—Smuts, pronunciado con una u larga, fue un líder militar afrikáner y un primer ministro de Sudáfrica —explicó Amy—. Apoyaba el apartheid, o sea, la separación de las razas. Sin embargo, en 1948 se pronunció en su contra... y perdió las elecciones. ¿Os lo podéis creer? A los africanos, que llevan aquí desde el principio, los trataron de ese modo. Y encima sólo podías ser presidente si estabas de acuerdo con ello.

—Tendrían que haber votado contra los malos —opinó Dan—, como hacemos nosotros en Estados Unidos. Bueno, a veces.

—Bueno, tampoco es que allí seamos tan buenos —corrigió Nella—. A mi padre, Pietro Rossi, lo persiguieron en el pueblo hasta que lo echaron de allí. Odiaban que los italianos se reuniesen en las calles... ¡cuando en realidad lo único que los italianos hacían era esperar a que los granjeros los contratasen para trabajar ese día! Mi abuela llegó a Estados Unidos con la idea de asentarse en el sur del país, pero cambió de opinión cuando vio en una fuente un cartel que decía: «Sólo gente de color». Ella no estaba segura de si lo era o no, pero tan sólo la idea de tener que pensarlo le pareció horrible. A ver, ¿por qué crees que hubo tantas marchas y protestas en los años cincuenta y sesenta?

Dan recordó las fotos de sus libros de texto y aquel montón de programas con los que se dormía la tía Beatrice.

—En esa época la gente estaba loca —respondió.

—Estar loco es algo que no se puede evitar —explicó Amy—. Pero todo esto estaba planeado. En Sudáfrica siempre se había producido separación por razas, incluso en los tiempos coloniales. La gente de las tribus tenía prohibido estar en las ciudades durante la noche. Si no llevaban pases, los metían en la cárcel. Y eso que el apartheid no empezó de forma oficial hasta los años cuarenta. A partir de entonces te etiquetaban como negro, de color, blanco o indio. Ser de color significaba que no eras ni blanco ni negro. Y si no eras blanco entonces no podías votar. Tenías que vivir en áreas segregadas... como nuestras reservas indias, pero se las llamaba *Bantustans*. Allí tenían sus propias escuelas, médicos y demás... pero de peor calidad. El gobierno convirtió los *Bantustans* en países separados, y de esa forma podían controlar a las personas con leyes de inmigración. Había paradas de autobuses para gente blanca y otras para la gente de color. Sólo podían casarse con gente de su misma raza.

A Dan le daba vueltas la cabeza. De alguna forma, le parecía que todo aquello no podía ser verdad. No encajaba con lo que estaba viendo por la ventanilla del coche. Pero cuando Amy se metía en su papel, solía tenerlo todo muy bien estudiado.

«¿De color?»

—Pero ¿cómo podían diferenciar si alguien era de color? —preguntó Dan—. ¿Qué quería decir eso?

—Les hacían pruebas —añadió Nella, encogiéndose de hombros—. No sé, a lo mejor comparaban el color de la piel con muestras de pintura. Quién sabe. A veces dos personas de la misma familia eran consideradas de razas distintas y tenían que mudarse. No te imaginas cuánto protestaba la gente. Cuando tuvieron lugar los disturbios de Soweto en los años setenta, varios niños murieron a manos de la policía. ¿Y lo de Nelson Mandela? Se pasó casi treinta años en la cárcel. Estuvo a punto de morir en ella.

—Mandela es aquí un mandamás —dijo Dan, recordando la imagen de él que había visto en las noticias, tan sonriente y con aspecto de poder ser tu tío favorito.

—Ahora sí —respondió Amy—. El gobierno despertó. Los extranjeros dejaron de invertir en Sudáfrica y las protestas estaban echando a perder el país. Pero el apartheid no finalizó hasta 1994.

Dan miró hacia el exterior del vehículo. Tenía el estómago revuelto, pero no se debía al viaje en coche. «Países distintos para razas distintas... la policía matando niños... ¿en 1994?» No parecía real.

Vio a gente de todos los colores saliendo de los edificios una vez finalizado el horario laboral en sus puestos de trabajo. Algunos parecían cabizbajos, otros iban hablando por el móvil. Si no fuera por todos los idiomas extraños que se oían, se podría decir que estaban en casa.

Mientras el Yugo subía una cuesta, vio un extraño grupo de edificios con una señal que les daba la bienvenida a Constitution Hill. El edificio de la izquierda era elegante y moderno y tenía una torre de cristal que se elevaba desde el centro. Una pared próxima a la entrada exhibía las palabras «Tribunal Constitucional» en diferentes colores e idiomas.

Nella aparcó y se dirigió, junto a Amy, hacia la entrada del tribunal, donde se alzaba una enorme puerta de madera tallada. Sin embargo, a Dan le llamaron la atención los edificios de la derecha, sucios y llenos de mugre y que estaban perdiendo la pintura. Un destartalado edificio de vigilancia se elevaba sobre un montón de alambre de cuchilla, asentándose sobre dos de los edificios más largos. Estaba precariamente equilibrado, como si un empujón en cualquier dirección pudiese hacerlo caer.

—Disculpe, señorita —oyó que le decía un guardia a su hermana—. Shaka Zulu murió muchos años antes de que se construyese la prisión. Aquí no hay ninguna conexión con Shaka. Aun así, la invitamos a que entre y vea el museo.

—Vamos —dijo Amy, agarrando a su hermano del brazo.

Dan formó filas detrás de ella y de Nella.

—Estupendo. Un museo al lado de una prisión en la ciudad equivocada. Eso sí que es un buen comienzo.

—Silencio —susurró Amy. Entraron en un cavernoso vestíbulo lleno de luz con columnas sesgadas y paredes cubiertas de coloridos mosaicos—. Por aquí hay una biblioteca, he visto las señales.

—¿Qué? —respondió Dan, alterado—. ¡El guardia ha dicho prisión, no biblioteca! Ah, vaya, que son la misma cosa, lo había olvidado.

Amy giró hacia la izquierda y después fue siguiendo los letreros a lo largo de un pasillo hasta que llegaron a una amplia sala con una ancha escalera de caracol.

—¿En qué puedo ayudarles? —preguntó una mujer de piel ligeramente oscura y pelo entrecano. Llevaba un simple collar de perlas que, de alguna manera, parecían haber tomado el color de sus profundos ojos marrones.

Amy se preguntó si la sombra de su piel se habría considerado «negra» o «de color» durante el apartheid sudafricano e inmediatamente después se sintió avergonzada.

—Hola, yo soy eh... Amy y es-es-éste es mi her-her-hermano Dan. Ella es N... Nella —respondió ella.

—Estamos buscando información acerca de Shaka Zulu —explicó Dan—, y también un poco de helado, si tienen.

—Americanos... Estupendo. —La mujer sonrió y extendió la mano—. Soy la señora Winifred Thembeka, la bibliotecaria. Este lugar está destinado principalmente a la información sobre los derechos humanos. Lamentablemente, siento decirles que no tenemos demasiado acerca de Shaka, aunque se está planeando una exposición para dentro de dos años.

—¿Dos años? —preguntó Dan.

La señora Thembeka asintió con un gesto de condescendencia.

—Nuestra sala de lectura principal está en la tercera planta, por si os interesa utilizarla, y en la cafetería se vende helado.

—Gracias. —Amy arrastró a Dan hacia la escalera.

En la sala de lectura de la tercera planta se hallaron ante un sinnúmero de libros.

—Creía que estaban especializados en los derechos humanos —protestó Dan, sacudiéndose para que su hermana lo soltara—. Y ahora ¿qué? ¿Buscamos en cada libro sobre Shaka con la esperanza de encontrar una pista?

—Ten fe —sugirió Amy, que estaba sentada frente a un ordenador, introduciendo el nombre de Shaka.

Nella suspiró.

—Espero que estés en lo cierto, Amy, porque aquí el pequeño glotón de helados tiene razón. O sea, yo te quiero y todo eso, pero me da la sensación de que a este paso acabaremos viviendo en esta biblioteca.

Dan se sentó ante otro ordenador, dispuesto a iniciar su propia búsqueda. Un brillante panfleto sobre el Constitution Hill descansaba sobre el teclado. Al disponerse a echarlo a un lado se fijó en el título: «La vergonzosa historia del Número Cuatro».

«Vergonzosa historia», aquello parecía prometedor.

Comenzó a leer:

Para comprender la historia del pueblo sudafricano, su coraje y desafío ante la opresión, comenzaremos conociendo el complejo de la Prisión del Viejo Fuerte, ahora también conocida como «Número Cuatro», pero que originalmente se llamaba Mentonville.

Fue abierta en 1893 en lo que entonces se llamaba Hospital Hill. Años más tarde, se construyó el fuerte que la rodea, después de que los *uitlanders* (forasteros) británicos intentasen derrocar el gobierno bóer. Al principio, la cárcel no albergaba a prisioneros blancos. «Número Cuatro» se construyó con la idea de convertirla en lo que se conocía como una «prisión nativa», es decir, para gente negra. A los delatores les arrancaban los dientes. A algunos les obligaban a llevarlos atados al cuello. A pesar de que fue inicialmente construida para alojar a 356 prisioneros, pronto llegó a los 1.100. Las bandas de presos se peleaban entre sí con frecuencia. Las cisternas en los inodoros no fueron introducidas hasta 1959. A Número Cuatro se envió tanto a los mineros en huelga como a las víctimas de insignificantes leyes del apartheid, a los manifestantes de la Ley de Pases o a los estudiantes que participaron en los disturbios de Soweto en 1976, además de a muchos héroes del Movimiento del Congreso, entre los cuales estaban Nelson y Winnie Mandela, Albertina Sisulu y Oliver R. Tambo.

Dan dejó de leer. Así era como trataban a la gente durante el apartheid. ¡Menudo desperdicio de vidas humanas se había producido en Número Cuatro!

«Número Cuatro.»

La mente de Dan viajó hasta la postal de Shaka y recordó las palabras escritas a mano en ella.

—¡Amy! —exclamó él—. ¡Había un número cuatro! ¿Te acuerdas? Estaba escrito después de aquel nombre que decodificamos. ¡Número Cuatro es otro nombre por el que se conocía la vieja prisión!

Amy dio media vuelta.

—Constitution Hill, Número Cuatro... ¡Eso es, Dan!

Dan continuó leyendo, esta vez en voz alta.

—«La notoria prisión está relacionada con varias figuras históricas: Mahatma Gandhi, encarcelado por protestar por las condiciones de vida de los indios en Sudáfrica; Winston Churchill, a quien retuvieron aquí en sus tiempos de corresponsal de guerra antes de trasladarlo a Pretoria. Aunque Churchill escribió públicamente sobre la guerra de los bóers en sus libros *De Londres a Ladysmith vía Pretoria* y *La marcha de Ian Hamilton*, se había encontrado no hacía mucho un botín escondido de correspondencia privada sobre Número Cuatro en Pretoria. La mayoría de las cartas fueron robadas inmediatamente, pero uno de los documentos que se conservaron había sido entregado a la biblioteca del Constitution Hill como legado para la colección privada de la difunta señora Grace Cahill...»

Dan dejó de leer. Se hizo un silencio absoluto en la tercera planta; parecía incluso como si los conductos de aire acondicionado y la electricidad del ordenador se hubieran detenido.

—Grace... —dijo él.

—Dan... ¿Recuerdas el segundo nombre? —preguntó su hermana—. ¿El del otro hermano Gekk? ¿Recuerdas lo que habíamos descifrado a partir de él?

Dan hizo memoria.

—Church Hill... —respondió—. ¡Churchill!

—Hay una errata —observó la niñera—. Debería haber dos haches, no tres.

—Churchill era un Cahill —explicó Amy—. ¡Un Lucian!

—Y el documento era de Pretoria... como en la canción *Marching to Pretoria* —recordó Dan—. La canción que Irina había citado apuntaba a la ubicación del documento, ¡pero Grace llegó allí primero!

Dan escribió en el buscador el nombre de Winston Chur-

chill y apareció ante sus ojos una lista de títulos, acompaña-
dos cada uno de ellos con una línea de texto que los identifica-
ba. Dan buscó aquel en el que se leía «donación de la Sra. G.
Cahill» y pulsó el botón que mostraba la palabra ACCEDER.

La pantalla se volvió azul inmediatamente:

PROPIEDAD PRIVADA
NO SE PERMITE EL ACCESO PÚBLICO

CAPÍTULO 15

La expresión patentada de Dan «Sólo soy un niño mono y curioso» solía darle buenos resultados.

—Por favor, ¿podríamos ver ese documento de Churchill? —le preguntó a la señora Thembeka, con una inocencia merecedora de un Oscar—. Es que sería genial poder tocar algo escrito por el propio Churchill en persona.

Se volvió hacia su hermana en busca de apoyo, pero ella no le estaba prestando mucha atención. Se encontraba demasiado ocupada con una biografía de Winston Churchill que había encontrado.

El teléfono de la señora Thembeka comenzó a sonar y ella lo respondió.

—Lo siento muchísimo, muchacho, pero las propiedades privadas de la biblioteca tienen un acceso muy restringido. Disculpadme.

—Buen intento —murmuró Nella.

La mirada de Dan se perdió por los archivadores de la oficina de la biblioteca, justo detrás de la señora Thembeka. Los documentos tenían que estar allí. Miró frenéticamente a su alrededor, buscando algo con que pudiera distraer a la bibliotecaria, pero sus ojos quedaron paralizados al descubrir una placa de bronce que estaba colocada directamente encima del mueble:

La biblioteca del Constitution Hill
agradece el apoyo prestado
por sus generosos patrocinadores
para la campaña de alfabetización

* * *

Ruth Aluwani
Oliver Bheka
Piet Broeksma
Grace Cahill

—¡Amy, mira! —exclamó Dan—. ¡Grace! Está por todas partes en este sitio.

La señora Thembeka miró a Dan. Murmuró algo por teléfono y lo colgó repentinamente. Salió de detrás de su escritorio y se acercó a ellos.

—¿Conocíais a Grace Cahill? —preguntó, mirándolos uno a uno, primero a Dan, luego a Amy y finalmente a Nella, con los ojos llenos de lágrimas—. ¡Madre mía! ¿Cómo no me había dado cuenta? Eres su viva imagen.

—¿Yo? —preguntó Dan. Él adoraba a su abuela, pero Grace tenía arrugas y el pelo gris.

—Tenéis los mismos ojos. Y tú... —La señora Thembeka sujetó la mano de Amy—. Tú debes de ser la adorada nieta de la que tanto hablaba. Por favor, toma asiento. —Señaló una silla y un pequeño sofá y fue a cerrar la puerta del despacho—. Me entristecí mucho cuando me enteré de que nos había dejado. Éramos buenas amigas, ¿sabéis? ¿Cómo habéis llegado hasta aquí? ¿Ha sido por Robert?

Dan miró a Amy.

—Eh... no conocemos a ningún Robert.

La señora Thembeka sacó de su escritorio un puñado de fotografías antiguas y les mostró una de ellas.

—¿Veis? Esto fue... hace unos diez años.

En la fotografía, la señora Thembeka y Grace estaban agarradas del brazo bajo la carpa de un teatro, del que sólo se veían las palabras «de Athol Fugard». Grace estaba bastante bronceada; de hecho, el color de su piel era casi idéntico al de la señora Thembeka.

—Parecéis hermanas —opinó Amy.

La señora Thembeka se rió.

—Tal vez lo fuésemos. Al menos nuestras almas eran casi iguales.

Dan dio la vuelta a la foto y descubrió una inscripción medio borrada:

El Lémur por el día... los Aloes por la noche... ¡Grandes aventuras, queridas amigas!

Le entregó la fotografía a Amy, que parecía estar a punto de echarse a llorar.

—El Lémur... —repitió ella—. Debe de referirse al *Lémur Volador*, el avión privado de Grace.

—Habíamos pasado el día volando... ¡Cómo le gustaba ese avión! Suazilandia, el Parque Nacional de Banhine, el reportaje...

—¿A qué se refiere con «Aloes»? —preguntó Dan.

La señora Thembeka sonrió.

—Es una referencia a la obra de teatro que habíamos ido a ver: *Una lección de los aloes*. El aloe es una planta que crece fuerte a pesar de tener que soportar unas privaciones inimaginables: varios meses sin agua y un sol agotador. Es el símbolo del pueblo sudafricano, que ha sobrevivido a pesar del apartheid. Algunas especies de aloe tienen propiedades curativas realmente remarcables. A Grace le encantó la obra.

—¿Cómo os conocisteis? —preguntó Amy.

—Ella formaba parte de la junta que me entrevistó para trabajar en la biblioteca —respondió la señora Thembeka, gentilmente—. Estuvieron a punto de contratar a un administrador con más experiencia, pero Grace insistió en contratar a alguien que fuese un apasionado de los derechos humanos, y yo andaba metida en la lucha desde la... experiencia de mi primo Vuyo, que era estudiante en Soweto...

«Era.»

La voz de la señora Thembeka se fue apagando y Dan recordó lo que había explicado Nella sobre los disturbios de Soweto.

«Varios niños murieron a manos de la policía.»

Tuvo que darse la vuelta.

—¿Podría ver las otras? —preguntó Amy, observando la pila de fotos.

—Por supuesto, querida. —Mientras la niña recogía ansiosamente el montón de fotos, la señora Thembeka abría otro cajón del escritorio—. Hace algunos meses, Grace me dejó un mensaje en el contestador. Sonaba bastante débil, pero yo no tenía ni idea de que se estuviera muriendo. En aquel mensaje me alertaba sobre el documento de Churchill. Me pidió que lo incluyera en la lista del catálogo, pero que limitase su acceso a investigadores y a sus descendientes directos que se identificasen adecuadamente. —La señora Thembeka se encogió de hombros. Parecía algo avergonzada—. Era una solicitud un tanto extraña. La verdad es que no estábamos muy acostumbrados a... Francamente, estas cosas no suelen suceder en las bibliotecas. Sin embargo, ella fue muy insistente y como había hecho tanto por nosotros, la junta lo aprobó. Así que, aunque odie pedíroslo, creo que tendréis que probar vuestra...

—Creo que llevo el carnet del colegio. —Dan comenzó a rebuscar en sus bolsillos. Sacó el envoltorio arrugado de una chocolatina, un trozo de cuerda, un caramelo de cereza, unos trozos de plástico no identificados y el pasaporte australiano de su padre. Casi sufre un ataque de pánico, pero entonces vio una esquina del carnet que sobresalía del pasaporte.

—¡Aquí tiene! —exclamó el muchacho, entregándole el carnet.

Sin embargo, la señora Thembeka tenía los ojos como platos, clavados en la foto.

—¿Nudelman...? —preguntó—. ¿Qué demonios haces con el pasaporte de Nudelman?

—Oh —respondió Dan—. En realidad no...

Amy le clavó un pisotón por debajo del escritorio. Dan estaba a punto de devolverle el gesto con una colleja, pero entonces sus ojos se cruzaron con los de ella, que trataban de transmitirle un mensaje.

«Obviamente no sabe quién es papá, y seguro que existe una buena razón para ello», entendió el muchacho.

—Es mi... hallazgo del mes —improvisó Dan—. Lo encontré en el suelo del aeropuerto.

Dan tenía la sensación de que la señora Thembeka se había estremecido.

—Pues yo en tu lugar lo destruiría —respondió ella—. Y si encuentras el de su mujer, destrúyelo también. Aunque probablemente eso no ayudaría mucho. Falsificar un pasaporte no es nada del otro mundo para ladrones y asesinos como ellos.

CAPÍTULO 16

¿Ladrones? ¿Asesinos? «Tiene que haber un error.»

A Amy, los nombres de los pasaportes le habían parecido algo extraños, en el sentido de que le resultaban poco familiares. Tal vez papá hubiera escogido el nombre de un bandido sudafricano por error.

Amy miró a su hermano, pero él estaba observando la fotografía.

—No... no creo que... —tartamudeó el muchacho.

—Sinceramente, no entiendo cómo ha podido acabar en el suelo del aeropuerto —añadió la señora Thembeka mientras abría el archivador—. Los Nudelman eran australianos, creo, pero recorrieron todo el mundo en sus juergas. India, Indonesia, Sudáfrica...

«India, Indonesia, Sudáfrica...» Ésa era la ruta que habían seguido Arthur y Hope cuando investigaban a Amelia Earhart.

—¿Qué es lo que hicieron? —insistió Nella.

—Sin entrar demasiado en detalles —respondió la bibliotecaria—, basta con decir que cometieron crímenes brutales sin motivo aparente. Saquearon edificios y no dejaron a nadie con vida. Afortunadamente, hace años que no se les ve. Yo asumí que habrían muerto, pero... ah, ¡ya veis! —Cogió un documento del archivo y lo colocó sobre la mesa—. Podéis copiarlo, si me prometéis que no lo compartiréis con nadie.

—Pero... y lo de... —comenzó Dan.

Amy lo hizo callar con una mirada feroz.

«Un error.» No era más que eso. Así de simple.

—Gracias —respondió Amy—. Haremos una copia.

Dan salió corriendo del edificio. Estaba temblando.

—¡Esperad! —dijo Amy, agarrando con fuerza un sobre. Nella la seguía de cerca—. Dan, estás tiritando —dijo, poniendo una mano sobre el hombro de su hermano.

—¡Lo siento! —respondió éste tras liberar un profundo suspiro—. Es que... esa mujer los ha llamado... asesinos.

—Es una anciana, debe de tener problemas de vista —argumentó la niñera, tratando de tranquilizarlo.

—Pero si ella y Grace eran tan buenas amigas, ¿no debería reconocer físicamente a papá?

—Es una anciana, Dan —insistió Nella—. Y también Grace era una abuela. A esa edad, la gente ya no va por ahí enseñando las fotos de sus hijos, que son adultos. Eso sólo lo hacen los padres con las fotos de sus niños pequeños.

—Entonces... ¿fue papá el que decidió utilizar el nombre de un tipo como éste para su pasaporte? —preguntó el muchacho—. ¿Por qué lo haría?

—Tal vez no supiese quién era Nudelman —añadió Amy—. «Roger Nudelman»... es un nombre bastante tontorrón, es perfectamente posible que papá lo inventara al azar. ¿O ya no te acuerdas de Oscar Shmutz, el mago de las uñas sucias?

Dan movió la cabeza tristemente.

—No.

Amy fijó su mirada en el muchacho.

—¿Qué recuerdas de ellos, Dan? De papá y mamá.

—Prácticamente nada —respondió él, con los ojos llenos de lágrimas.

—Piensa bien —dijo Amy—. Tú mismo me dijiste que no los recordabas en tu mente, pero sí en todos los otros lugares. ¿Qué recuerdos son ésos?

Dan respiraba con dificultad.

—Anécdotas tontas, pequeñas cosas. El chocolate caliente en la mesa blanca de la cocina, las canciones de por la noche, el olor a ropa limpia, unos brazos enormes rodeándome...

—Cuando tú tenías unos dos años —explicó Amy—, una vez escuché que papá le decía a mamá: «Ojalá llegue a los cuarenta y tres años. Para entonces él ya tendrá ocho y, si muero, al menos recordará quién era yo». Pensaban que yo no los estaba escuchando, y aquello que oí me dio mucho miedo. Mamá le dijo que estaba siendo morboso. Nunca olvidaré la respuesta de mamá: «Los bebés recuerdan las almas, Arthur». Así que durante un año me empeñé en que le dieras la mano a papá. Creía que mamá había dicho «palmas». A ver, yo ya intuía lo que quería decir... pero la verdad es que no lo comprendí del todo hasta hace poco. Esas cosas que recuerdas... es a lo que se refería mamá.

—La gente como vuestros padres —añadió Nella, con dulzura— no es capaz de hacer cosas tan malas.

—Irina resultó tener buen corazón —explicó Dan—, pero había sido capaz de hacer cosas muy malas.

Amy puso la mano en el hombro de su hermano.

—Irina encontró su bondad bastante tarde. Mamá y papá ya la tenían.

—Está bien —dijo Dan—. Tal vez tengáis razón. ¿Podemos irnos ya?

De vuelta al coche, desdobló la copia de la carta de Churchill.

Amy y Nella se agarraron del brazo. La muchacha tenía esperanzas de que su hermano pudiese olvidarlo todo. Y esperaba también poder hacerlo ella misma.

En el aparcamiento, Dan estiró la copia de la carta sobre el asiento trasero.

DEL ESCRITORIO DE
WINSTON LEONARD SPENCER-CHURCHILL

11 de mayo 1900

Mi adorada M_____ C_____:
Aunque mi lealtad a Gran Bretaña y el gusto que siento por las revueltas me hayan traído hasta el conflicto anglo-bóer, quiero agradecer tu insistencia para que comience a relatar las hostilidades aquí y ahora. Mi pérdida en la elección, tal como tú sostienes, era una cicatriz que tenía que soportar con valentía y probablemente me sirva para hacerme más fuerte, como le sucederá a nuestra armada, pues los poderosos bóers la fortalecerán a ella. Ya ves, conseguí escapar de mi reclusión en Pretoria, de un horrible lugar llamado State Model School, adonde me habían llevado, afotunadamente, cuando me sacaron de H. Hill. No existen ni palabras ni expresiones que describan esa fosa inmunda próxima a Johannesburgo, un lugar mucho más miserable que mi fétido escondite de minas en Witbank, donde por suerte pude ocultarme después de esa huida (y donde, de hecho, llegué a una conclusión, ¡y viene aquí incluida!).
Cambiando de tema, me alegra saber que te fue bien. No hay ni una noticia, eso pensaba yo hasta que hoy recibí tu carta. Si nos esforzamos, triunfaremos, porque ése es nuestro gran destino.

Te envío esto,
con todo mi corazón.
Tu Winnie

La línea irrompible entregará
el deseo a la carta, si sigue
descendiendo, paso a paso.

—Una gran ayuda —opinó Dan disgustado.

—Fijaos, la carta tiene varias faltas de ortografía. En la palabra «quiero» falta la letra u y, más abajo, falta la erre en la palabra «afortunadamente. ¿No os parece extraño?

—Pensaba que Churchill era un hombre culto —respondió Nella.

—Y debía de serlo, así que esto es muy raro... —opinó Dan.

—H. Hill —observó Amy, hojeando su biografía de Churchill—. Estará refiriéndose al Hospital Hill, que es el nombre que recibía en aquella época el Constitution Hill.

—Vale. Churchill lo odiaba —añadió Nella, con los brazos cruzados—. Hasta ahí, nada raro.

—Aquí dice que trasladaron a Churchill desde esta prisión hasta un lugar llamado Staatsmodel, el colegio State Model, en Pretoria —prosiguió Amy.

Dan asintió.

—Y que fue allí donde escribió esto y donde permaneció durante años hasta que Grace lo envió al Constitution Hill.

Amy continuó leyendo su libro.

—Vale, parece que esa escuela de Pretoria fue usada como cárcel. Churchill escaló un muro de quince metros y escapó a un pueblo minero llamado Witbank, donde permaneció escondido hasta que logró colarse en un camión de suministros. ¡Todo coincide con lo que pone en su carta!

Dan miró el texto más de cerca.

—¿Qué es esto del final? «La línea irrompible entregará el deseo...»

—Una línea irrompible podría ser algo como la eternidad, por ejemplo —sugirió Amy, examinando el índice del libro.

—O un círculo —añadió Dan—, o incluso un cuadrado, o un

trapecio... ¡Podría tratarse de cualquier forma cerrada, en realidad!

Amy se fijó en la parte superior de la carta.

—¿Quién es M espacio C espacio?

—¡C de Cahill! —exclamó el muchacho—. Tal vez le estuviera escribiendo a... nuestra bisabuela, por ejemplo. ¿Sabes cuál era su nombre de pila?

—No —respondió Amy, que caminaba de un lado a otro—. Muy bien, pensemos en todo esto. El tipo del aeropuerto nos dio un mensaje en código que nos ha traído hasta aquí. De algún modo, él está conectado con todo esto. Por otra parte, Grace nos dejó aquí un documento secreto, un texto escrito por un Cahill y que alguien robó en Pretoria. Los Holt tienen razones para creer que hay una pista Tomas escondida en algún lugar de Sudáfrica...

—¡Sí..., y Churchill sabía cuál era! —exclamó Dan—. Eso es lo que Grace está tratando de mostrarnos. Tal vez Churchill se llevara a la tumba el secreto de la ubicación de la pista. Mirad lo que el viejo Winnie escribió al final del mensaje.

—«Minas de Witbank...» —leyó Amy—. «Y donde, de hecho, llegué a una conclusión...» ¡Un Cahill escribiéndole a otro posible Cahill sobre una conclusión a la que ha llegado! A mí eso me suena a pista.

Amy se sintió mareada. Grace le estaba hablando desde la tumba... ¿Acaso sabría ella dónde estaba la pista?

Nella se metió en el Yugo y comenzó a introducir datos en su nuevo GPS.

—Carlo, cariño, llévanos a Witbank.

Tardaron más de lo que esperaban en encontrar Witbank, principalmente porque le habían cambiado el nombre oficial, que ahora era Emalahleni, y nadie había avisado a Carlo. Tampoco le habían avisado de que debería haber sido un aparato de aire acondicionado y Dan encontraba eso mucho peor.

Después de un par de preguntas confusas en una gasolinera, se encaminaron hacia la mina abandonada donde se había ocultado Churchill.

Amy se había puesto a leer de nuevo. Sin descanso.

—«... un pueblo construido sobre sus ricos recursos mineros, Witbank era el hogar de varios simpatizantes británicos que escondieron a Churchill tras su osada huida de la State Model School...» —leyó la muchacha.

—Todo esto fue antes de que se convirtiese en... ya sabes, en un tipo gordo y famoso —explicó Dan.

—En el primer ministro de Inglaterra —corrigió Amy— durante los años de la segunda guerra mundial.

Nella estacionó el vehículo en un pequeño aparcamiento. Cerca de allí había una casa y, detrás de ella, un paisaje reseco plagado de montículos de tierra. Entraron por la puerta, que encontraron abierta.

En el interior del edificio, un hombre delgado y curtido que llevaba un lápiz detrás de la oreja jugaba al ajedrez con un adolescente.

Cuando el tipo se volvió, Amy comenzó a tartamudear silenciosamente. Para Amy era toda una hazaña dominarlo y sólo Dan podía percibirlo.

Sólo le sucedía delante de chicos como aquél. Tenía el pelo castaño y los ojos de color caramelo, como Nick Santos, el amigo de Dan, que volvía a todas las chicas de sexto grado tontas de remate con tan sólo mirarlas... De hecho, el propio Nick solía decir: «Mira, las hago volverse tontas de remate», antes de hacerlo. Ese chico, sin embargo, era mayor que Nick.

—Qué-bueno-está —susurró Nella.

—¿Tú también? —murmuró Dan.

—¡Jaque mate! —exclamó el señor Buenorro.

—Vaya... —consiguió decir Amy.

—Eh... estamos buscando el lugar donde se refugió Churchill —dijo Dan.

El hombre gimió y se levantó de su silla.

—Está ahí atrás. Ya veréis la placa. ¿Puedes ayudarlos, Kurt? Ya echaremos la revancha mañana cuando vuelvas del ensayo del coro.

El muchacho sonrió... principalmente a Amy.

—Lo siento, su corazón pertenece a Ian Kabra —interrumpió Dan. Sin embargo, algo en la expresión del rostro de la muchacha le hizo comprender que su corazón ya no pertenecía a Ian de ninguna manera.

Kurt les mostró una sonrisa de perplejidad.

—Venid por aquí —dijo él a la vez que se estiraba completamente hasta mostrar su altura, que por lo menos debía de alcanzar el metro noventa. Amy lo observó pavonearse hasta la puerta.

—Churchill se escondió de los bóers en el pozo de esta mina —explicó Kurt—, hasta que consiguió colarse en un camión de suministros.

—¿Dejó algún mensaje... por casualidad? —preguntó Dan—. Ya sabes, alguna carta que escribiera en el interior de la mina, hablando de, eh... emplazamientos y esas cosas.

Kurt se inclinó hacia Dan.

—Parece que sabes el secreto... Lo de que la historia de Churchill es mentira.

—Pues claro —confesó Dan, siguiéndole la corriente para no quedar como un idiota—. Una gran mentira. ¿Cómo no iba a saberlo?

—¿Una men-men-mentira? —tartamudeó Amy.

—Churchill era un agente doble —susurró Kurt—. Por eso estaba en Sudáfrica. No porque fuese un reportero, sino para encontrar secretos.

—¿Un agente doble que trabajaba para los bóers? —preguntó Nella.

—No exacatmente —respondió el muchacho—. Para otros, más bien, para un grupo. Dejó un símbolo en un trozo de tela que tenemos dentro. Dos serpientes y una espada, con una gran ele. Aún no he descubierto de qué se trata, pero sé que andaba buscando algo y que intercambiaba mensajes con sus agentes en los túneles. Lo sé porque dejó un mensaje en la pared.

Dan miró a su hermana y se dio cuenta de que ella estaba pensando lo mismo que él: L de Lucian.

—¿Qué decía? —preguntó Dan.

Kurt se encogió de hombros.

—Lo vi de niño. Solía pasar muchas horas ahí abajo practicando; cantaba allí porque así nadie podía oírme. —Le mostró una sonrisa a Amy—. Antes era muy tímido.

—¿Dónde está esa pared? —preguntó el joven Cahill—. ¿Podemos verla?

—Tú tienes asma —le recordó Amy—, y las minas están llenas de polvo.

—También había polvo en la cueva de Seúl —replicó Dan—. ¡Y no me afectó!

—Ven, echa un vistazo —sugirió Kurt señalando hacia una estructura destartalada en una área cercada con una señal de

PROHIBIDO—. Pero ojo, se han producido ya varios incidentes en esta mina. Como no tengas cuidado, se te cae todo encima. Están planeando echarla abajo pronto.

—Entonces... ¿no podemos entrar? —preguntó Dan.

—Claro, si lo que buscáis es un entierro barato —respondió Kurt, guiñándole un ojo a Dan y volviéndose después hacia Amy—. ¿Juegas al ajedrez?

—Un po-po-poco —balbuceó Amy.

Perfecto. Dan no daba crédito a su buena suerte.

—Es una jugadora estupenda —dijo—. ¡Acabará contigo!

—Acepto el desafío —flirteó Kurt. Dan no podía creérselo... ¿A Kurt le gustaba Amy de verdad?

Colorada, Amy siguió a Kurt hasta el edificio y Dan retrocedió lentamente... hacia la mina abandonada.

CAPÍTULO 17

—¿Tú estás mal de la cabeza?

Dan se volvió. El sol se estaba poniendo y, a contraluz, vio la silueta de Nella. Con el peinado que llevaba, parecía como si un diminuto estegosaurio se hubiera plantado en su cabeza y la fuera dirigiendo.

—Me ha guiñado un ojo —dijo Dan—. Eso quiere decir que no pasa nada si entramos.

—Realmente estás fatal de la cabeza —respondió Nella—. Te ha guiñado el ojo porque le gusta tu hermana. Amy es ahora prisionera de ese demonio sudafricano chiflado por el ajedrez.

Dan miró más allá de Nella. A través de la ventana pudo ver al anciano, que charlaba mientras arreglaba algo en el hornillo de la cocina, y a Amy y a Kurt, que se sentaban dispuestos a jugar una partida de ajedrez. Cuando no tenían la vista fija en el tablero, se intercambiaban miradas furtivas.

—Estará estupendamente con él —opinó Dan—. Además, Kurt exageraba con lo de la mina. Esta gente se pone muy nerviosa con estas cosas por el tema del seguro.

—Pero ¿tú sabes qué quiere decir eso? —preguntó Nella.

—Pues no —respondió el muchacho—, pero mira, esto lleva en pie desde el siglo XIX, ¿no?

Nella se quedó pensativa. Entonces echó un vistazo alrededor, se quitó la mochila y cogió una linterna.

—Llévate esto. Como oiga caer la más mínima piedrecita, voy a por ti y te saco de ahí por razones de seguridad. Métete en el pozo y no te caigas. Si encuentras algo escrito en la pared, yo te ayudaré a apuntarlo, y si no, pues nada, nos vamos y punto. ¿Entendido?

Dan cogió la linterna.

—Eres increíble.

—Lo sé. Ahora date prisa.

Dan corrió hacia la barraca y entró rápidamente. En el centro de una área cercada había un amplio agujero con una escalera de cuerda deshilachada que colgaba desde el borde. El muchacho tragó saliva.

—Esta escalera parece un poco gastada.

Nella echó un vistazo.

—Está bien, pongamos en marcha el plan B. Tú te inclinas hacia dentro y miras a tu alrededor. Yo te sujeto por las piernas. ¡Date prisa!

—Perfecto. —En ese momento Dan se quedó paralizado. Acababa de recordar la última vez que había estado en una mina. Había sido en Coober Pedy, Australia. Se había encontrado con arañas venenosas y una serpiente mortal. Por no mencionar su problemilla con el asma. «En realidad no vas a entrar ahí —se dijo a sí mismo—. Sólo vas a asomar la cabeza.»

Con un nudo en la garganta, Dan se puso a cuatro patas al borde del agujero. Sintió las manos de Nella sujetándole los tobillos mientras él encendía la linterna.

El agujero era lo suficientemente amplio como para que cupiese una persona. Las paredes eran resbaladizas, como si las hubieran pintado con laca. La escalera de cuerda colgaba hacia abajo hasta desaparecer en la nada y se balanceaba suavemente con la corriente de una brisa invisible. Un hedor acre, ligeramente podrido, manaba desde el interior.

«Mi fétido escondite en las minas de Witbank...», eran las palabras exactas de Churchill.

—¿Qué es lo que ves? —susurró Nella.

—Sujétame con fuerza —dijo Dan.

Las paredes de roca eran ásperas y estaban cubiertas de hoyos; una grieta irregular recorría el lado opuesto. A Dan le pareció atisbar algo escrito, pero no era más que la acumulación de tierra pedregosa en un estrecho saliente.

—¡Me ha parecido oír algo! —exclamó Nella—. ¡Apresúrate! Nada de nada.

Dan exhaló un suspiro. Estaba demasiado oscuro y se sentía muy presionado.

—Sácame de aquí —dijo.

Las palabras se le atrancaron en la boca. La linterna había tomado otro ángulo y apuntaba más hacia el interior, alumbrando la pared que estaba justo debajo de él.

Y allí, cuidadosamente grabadas en la roca, un par de metros por debajo de él, había varias líneas escritas.

—¡Espera! ¡Lo tengo! —gritó Dan—. ¡Bájame un poco! ¡He visto algo!

Nella se echó un poco más hacia delante y Dan se adentró más en el pozo. Varias piedrecillas se desprendieron del borde y cayeron dentro del agujero. Dan no llegó a oírlas alcanzar el fondo.

El muchacho entrecerró los ojos y enfocó la linterna directamente a las escrituras de la pared. Leerlas resultaba muy complicado.

«Tal vez podría calcarlo.» Eso serviría.

—¡Súbeme! —exclamó el joven.

Poco después, Dan estaba de nuevo en el exterior, al borde del agujero.

—Está bien, Nella, necesito volver a bajar, pero esta vez con una hoja de papel y un lápiz. Hay algo escrito ahí abajo, y voy a intentar calcarlo en un folio.

—Definitivamente, estás loco de remate —confirmó la niñera.

—¡Jaque mate! —La voz de Amy resonó desde la cabaña, seguida de la risa del anciano y un pícaro gemido de Kurt.

—Aún tenemos algunos minutos —respondió Dan—. Va a pedirle la revancha.

—¿Cómo lo sabes?

—¡Cosas de chicos!

Nella suspiró. Revolvió en la mochila de Dan y sacó un lápiz y un cuaderno, del que arrancó una página.

—Está bien, pero sé rápido.

Trabajar con la luz, el lápiz y el papel no iba a ser nada fácil.

—Voy a necesitar algo más de material, por si acaso se me cae algo.

Con un aire de exasperación, Nella arrancó algunas hojas más y encontró otros dos lápices. Dan se los metió en los bolsillos del pantalón y agarró con fuerza los que tenía en las manos.

Con la linterna en la boca, dijo:

—*Ferfeto. ¡Amos!*

Dan se tumbó boca abajo en el borde del agujero. Sintió un temblor y oyó el ruido de unas piedrecitas que rodaban por la pared de debajo de él. Se movió a la izquierda, para agarrarse a algo que, para él, era sólido como una roca.

—¡Aquí! —dijo, acercándose más al borde.

—Un segundo, tienes algo pegajoso en tu mochila —respondió Nella—, y estoy tratando de sacarlo de mi...

De repente, el suelo sobre el que Dan estaba tumbado se derrumbó, como si se tratara de una explosión de tierra negra. Sintió que caía abruptamente y que se precipitaba en la oscuridad con la boca abierta, soltando un alarido silencioso.

—¡Te tengo!

—¡Ahhhhh! —Dan sintió que la pierna izquierda se le iba a desencajar. Colgaba únicamente de ella; las manos de Nella rodeaban su tobillo.

Con la agitación de la caída, había perdido el lápiz y el papel. La linterna salió entonces disparada, proyectando una breve y desenfrenada muestra de lo que tenía a su alrededor.

—¡Voy a subirte! —dijo Nella.

Por instinto, Dan presionó la pared con las manos, en busca de una raíz o de cualquier cosa que pudiera sostenerlo, por si acaso.

La pared parecía sólida y estaba llena de diminutas grietas.

No, no eran grietas. ¡Eran grabados!

—¡Lo tengo! —exclamó Dan—. ¡Tengo el mensaje!

—¡Pesas mucho! —protestó la niñera.

—¡Un minuto, Nella! ¡Sólo un minuto!

Rápidamente, sacó el papel de repuesto y uno de los lápices que guardaba en su bolsillo. Colocó la hoja sobre la pared y se puso a calcar los diseños.

Cuando estuvo seguro de que lo tenía todo, dobló el papel y volvió a metérselo en el bolsillo.

—¡Vale, ahora!

—¡Ahhh...! —estiró Nella. Dan notó que comenzaba a elevarse lentamente.

Sintió una sacudida y vio que la tierra comenzaba a caer de nuevo a su alrededor, enganchándosele en el pelo y colándose en el interior de sus pantalones por las perneras.

—¡Tira más fuerte! —gritó—. ¡Esto se está viniendo abajo!

—¡Estoy tirando con todas mis fuerzas!

Esta vez Dan oyó alboroto. Otras voces... La de Amy, la de Kurt y la del anciano.

Sintió que se elevaba a un ritmo constante. Trató de ayudarse apoyándose en la pared, pero tocase donde tocase, la tierra se escurría entre sus dedos, deslizándose como una cascada.

—¡Por fin! —exclamó Kurt, mientras Dan salía completamente a la superficie, tosiendo.

Respiraba con dificultad, como si se le estuviera acabando el aire.

—¡Traedlo dentro! —dijo la voz del anciano.

Asma. A veces, en casos de emergencia, la adrenalina hacía efecto y prevenía los síntomas. Así había sucedido en Seúl. Sin embargo, el asma era impredecible, y ahora se sentía como si alguien le hubiera puesto un paño sobre la nariz y la boca.

Sintió que lo llevaban dentro y que lo tumbaban sobre un sofá.

—Mastica esto —le dijo Kurt, entregándole un objeto tubular con forma de cactus que tenía una rotura por la que salía un líquido blanco. Era insípido y caldoso. Le produjo náuseas, pero se forzó a tragarlo. Amy se sentó a su lado hasta que pudo volver a respirar con normalidad.

Entonces Amy perdió los papeles.

—¿Cómo has podido hacer eso? —le preguntó, mirando después a Nella—. ¿Y tú? ¡Se supone que tienes que cuidar de nosotros! ¡No animar a Dan a seguir con sus estúpidas ideas!

—Per... —trató de defenderse el muchacho.

Amy no le dejó pronunciar ni una palabra.

—¿No lo entiendes? ¡No tenemos a nadie más, Dan! ¡Tú eres lo único que tengo y yo soy lo único que tienes!

—¡He en-encontrado el mensaje de Churchill! —exclamó.

—¿Que has qué? —interrumpió Kurt.

—¿Que has qué? —repitió Amy.

Dan metió la mano en el bolsillo trasero de su pantalón y sacó el papel.

—¡Estaba grabado en la pared del pozo de la mina!

—En el antiguo pozo, querrás decir —corrigió Kurt—. Ahora no es más que un enorme sumidero de rocas y tierra.

—¡Un sumidero! —insistió Amy.

Kurt cogió una potente linterna de la cornisa de una ventana e iluminó la sección del terreno hundida.

—¿Es... es ahí donde he estado enterrado? —preguntó Dan.

—No pienses en eso, amigo —respondió Kurt—. Echemos un vistazo a eso.

Dan miró a su hermana.

—¿No piensas repetir lo que tu nuevo novio ha dicho? —Antes de que Amy pudiese reaccionar, desdobló la hoja con el calco y la colocó sobre la mesa.

REFORMAS
INDIGENTE.
SACA EN EL CONSUELO.
LETRAS
CONFUNDIDAS.
NOS FALTAN MÁS AMIGAS:
¡UN KILO DE HENO!
WLSC -29086341
3132817

Dan lo miró en silencio y lo estuvo leyendo una y otra vez.

—WLSC —dijo Kurt.

—Winston Leonard Spencer-Churchill —desveló Amy.

—Chicos, hacéis un gran equipo —observó Dan, lo que hizo que su hermana se ruborizase, una vez más.

El anciano sonreía.

—¡Mira tú por dónde! ¡Ni siquiera sabíamos que se había escondido en este mismo pozo!

—Bueno, uno de nosotros sí que lo sabía —murmuró Kurt—. Pero... ¿qué quiere decir eso? No tiene ni pies ni cabeza. Parece el desvarío de un loco.

«Churchill pierde un tornillo. Se vuelve loco. Desvaríos ridículos.»

Dan hizo la única cosa que tenía sentido.

—Sí, creo que tienes razón —respondió, sujetando el papel—. Esto no son más que tonterías. Será mejor que nos olvidemos de todo esto.

Boquiabiertas, Amy y Nella vieron que el muchacho rompía el papel en pedacitos.

CAPÍTULO 18

Amy no podía creerlo.

Algo había pasado entre ella y Kurt, aunque no lograba entenderlo. Sí, habían jugado al ajedrez, pero no era sólo eso. Era como si todos sus sentidos se hubiesen conectado de repente.

Por primera vez en varias semanas, había conseguido pensar en otra cosa que no fuera la búsqueda.

Pero entonces, igual que había llegado, se tuvo que marchar.

Apenas hubo tiempo para un adiós.

—Buena suerte —le había dicho Kurt.

Sin embargo, ella sólo podía sentir la mala suerte de ese momento.

Por otro lado, estaba también el hecho de que Dan hubiera destruido el mensaje de Churchill.

—¿Cómo has podido hacer eso? —le preguntó mientras Nella aceleraba y se alejaban de la mina de Witbank... y de Kurt.

Su hermano la miró incrédulo.

—Vamos, Amy, no pensarás que porque haya roto el papel...

—¡Lo sé, lo sé, has memorizado todas y cada una de las letras! —exclamó la muchacha—. Ya conozco la exhibición de gimnasia mental de Dan Cahill. ¡Pero ésa no es la cuestión! ¿Por qué narices has decidido arriesgar tu vida de esa forma tan estúpida en esa mina? ¡Podrías haber muerto! ¡Otra vez!

—He encontrado lo que nadie había sido capaz de encontrar en cien años —respondió el joven—. ¿No crees que deberías darme las gracias?

—Y además engañó a esos tipos para que creyeran que el mensaje no significaba nada.

—¡Otra que tal baila! —respondió Amy, enfurecida.

Dan levantó un dedo.

—Winston Churchill dijo una vez: «En tiempos de guerra, la verdad es algo tan preciado, que debe ser cuidada por un guardaespaldas de mentiras».

—¿Cómo sabes eso? —preguntó Amy.

—Está justo ahí, en la página por la que tienes abierto el libro —respondió Dan, señalando la biografía que estaba en el asiento del coche—. A Churchill le iban los mensajes secretos; trabajaba con espías. Y yo tengo esta preciosidad encerrada en mi cabeza, bonita.

En la otra hoja que Nella le había dado, Dan comenzó a escribir lo que había descubierto en la mina.

RETOMAS INDIGENTE.
SACA EN EL CONSUELO.
LETRAS CONFUNDIDAS.
NOS FALTAN MÁS AMIGAS:
¡UN KILO DE HENO!
WLSC −2908634/
3/328/7

—Churchill no estaba loco —opinó Dan—, ni tampoco borracho. Estoy seguro de que todo esto tiene un significado.

Amy fijó la mirada en las palabras.

—¿«Retomas indigente»?

—Yo creo que a este hombre le faltaban varios tornillos —añadió Nella.

—Vale, vale, ya sé que suena un poco raro, pero piensa que si Churchill acababa de salir de la cárcel, no debía de tener nada, ni siquiera un lugar adonde ir, así que es muy posible que llevase una vida de indigente —insistió Dan.

—Nosotros no conocemos su pasado, quizá no era la primera vez que se veía en esa situación y por eso dice que lo está retomando —añadió Nella.

—Dan, ¿recuerdas aquel código que tuvimos que descifrar en casa del tío Alistair, el que usamos para abrir aquella trampilla del jardín de atrás? Se trataba de un juego de palabras, ¿no? ¿Y si este mensaje tuviera dos partes? La parte de arriba podría ser el código y la de abajo, las instrucciones para decodificarlo.

—Eh... —Dan miró las últimas líneas del texto—. Entonces «Letras confundidas» formaría parte de las instrucciones.

—Sí, y «confundidas» podría significar «entremezcladas», o sea, que tal vez se trate de un anagrama —explicó Amy—. Con lo de «Nos faltan más amigas» debe de querer decir que falta algo, a diferencia del puzle del tío Alistair. O sea, que hay que añadir palabras o letras...

—«¡Un kilo de heno!» —exclamó Dan—. Seguro que ahí está la clave. No quiere que usemos las palabras, sino que cojamos letras de ahí. ¡Lo tengo! Si cogemos la ka y la hache de «kilo» y «heno», junto con la palabra «saca» de la segunda línea, ¡tenemos el nombre de Shaka! ¡Pero aún no sabemos cómo descifrar el resto!

—Ya, bueno, pero recuerda que es un anagrama. Tenemos que reordenar las letras. ¡Creo que nos ha tocado la lotería con este mensaje!

Entonces el rostro de Dan se iluminó, igual que cuando los Red Sox ganaban un partido. Lentamente, comenzó a mover las letras de un lado a otro. No se detuvo hasta que terminó:

RETOMAS INDIGENTE = INGREDIENTE TOMAS
SACA EN EL CONSUELO = CON SHAKA EN EL SUELO

—¡El ingrediente Tomas está con Shaka en el suelo! —exclamó Dan.

—Te ha llevado tres minutos y siete segundos —puntualizó Nella.

—¡Lo sabía! —exclamó Amy—. ¡Churchill sabía dónde encontrar la pista Tomas!

—Probablemente lo descubriera en la cárcel —conjeturó Dan—. O tal vez fuese un Cahill el que llevaba esa mina.

—Así que... la pista debe de estar enterrada con el cuerpo de Shaka —supuso Amy.

—¡Esto empieza a ponerse interesante! —respondió Dan.

—Eh... ¿Vamos a tener que desenterrar un cadáver? —preguntó Nella, desde el asiento delantero.

—¿Dónde está enterrado Shaka, Dan? —quiso saber Amy.

Dan sacó su libro sobre Shaka y lo abrió por el final.

—Bueno, parece que nadie está seguro al cien por cien, pero la leyenda dice que lo mataron en un lugar llamado Durban, que está en la provincia KwaZulu-Natal.

—¿Que está en...? —demandó Nella.

—Más allá de la provincia de Mpumalanga —respondió Dan.

—Muchas gracias.

Pero Dan seguía observando las últimas líneas del mensaje de Churchill.

—Un momento. ¿Y estos números de lotería?

Amy los miró más de cerca.

—Parecen coordenadas de longitud y latitud. ¿Podemos averiguar dónde cae eso?

Dan comenzó a juguetear con el GPS.

—Carlo nos hará ese favorcillo.

El teléfono sonó justo cuando el profesor Robert Bardsley estaba escuchando el final de la sinfonía *Resurrección* de Mahler.

—Oh, querida Winifred —dijo, limpiándose una lágrima mientras respondía a la llamada—, me has cogido en un momento emocional.

Las lágrimas se le secaron mientras escuchaba la voz que le hablaba desde el otro lado del teléfono. Apagó la música.

—¿Que has conocido a quién? Sí, ya sé que tenía nietos. ¿De qué edad? Eso es estupendo. Es una pena que ya no esté con nosotros. Así que les has enseñado la carta de Churchill. Ajá... Sí, yo tampoco entiendo tanto secretismo. Un poema de amor muy poco cálido, si quieres mi opinión. Ah, estoy seguro de que son unos niños extraordinarios. Bah, no te preocupes, has hecho bien en no darles información sobre mí. ¿Por qué iban a querer conocer a un estudioso viejo y cansado como yo? Gracias por la llamada... Un té tal vez, cuando vaya a Johannesburgo en julio. Sí, buenas noches.

Después de colgar el teléfono, el profesor Bardsley guardó unos cedés, un telescopio, un diapasón y un juego de gafas de infrarrojos en una bolsa de lino y salió por la puerta delantera. La calle estaba despejada, por lo que podía ver, pero tendría que tomar precauciones.

Volvió a entrar, marcó un número en el teléfono y le saltó un contestador.

—Hola, Nsizwa, soy Bardsley. Necesito que me sustituyas en el ensayo de mañana, ya que tengo que pasar el día fuera. —Se detuvo un momento—. Pensándolo bien, puede que necesite la ayuda del grupo. Volveré a llamarte pronto...

Antes de salir, cogió un sombrero blando de un estante de su armario y un cuchillo de caza.

CAPÍTULO 19

—Finalizar una oración con una preposición —dijo el oficial del Museo Shaka en Durban— es algo que no voy a tolerar.

—¿Cómo? —Dan no estaba de humor para aquello. El viaje de la noche anterior había durado varias horas. Y ahora, después de dormir un poco en Durban, en el centro de la provincia de KwaZulu-Natal, y de un trayecto hasta el museo, lo único que quería era que le dijesen dónde estaba el baño. No soportaría una clase de gramática.

El guía sonrió.

—Sois fans de Churchill, ¿no? ¿No reconocéis la cita de vuestro héroe? Él es famoso por habérselo dicho a alguien igual que tú. Tú has dicho: «¿El lavabo? Necesito ir a...». ¡O sea, que has terminado una oración con una preposición! ¡Grave error!

—Eh... oiga, tengo que marcharme, señor... —respondió Dan.

—Cole —añadió el hombre—. La primera puerta a la derecha.

De camino hacia el baño, Dan casi choca con un anciano de rostro esquelético.

—Lo siento.

Cuando por fin se alivió, se apresuró a regresar. El anciano, que se movía muy lentamente, ni siquiera había logrado cruzar la habitación.

—Con el paso de los años, de vez en cuando —explicaba el señor Cole a Amy y a Nella—, algunas personas se han preguntado por la relación que existía entre Churchill y Shaka Zulu. A mi padre no le gustan mucho esos visitantes —prosiguió, señalando al anciano.

—Bueno, Churchill no podría haber tenido nada que ver con Shaka —puntualizó Amy—, puesto que nació cincuenta años después de la muerte del rey zulú.

—Exactamente —confirmó el señor Cole—, eso mismo les decimos nosotros a los visitantes una y otra vez. Pero un día, después de una visita de grupo, una de nuestras más preciadas posesiones desapareció... un enorme escudo que había pertenecido a Shaka. Mi padre estaba al cargo en ese momento, y nunca se lo ha perdonado.

—¿El escudo que se llevaron se parecía a éste? —preguntó Dan, sacando la postal de Shaka de su bolsillo y enseñándosela al hombre.

El señor Cole asintió.

—Era muy parecido, de hecho.

—Y ese grupo... ¿eran todos muy grandes, ruidosos y mandones? —sugirió.

No pudo evitar notar que el anciano casi los había alcanzado. Tenía el ceño fruncido, y cuando habló, su voz fue como un susurro áspero.

—¿Por qué os interesa tanto Churchill? —quiso saber.

—Padre, por favor, son niños, no ladrones —sonrió el señor Cole, disculpándose—. Mi bisabuelo, el abuelo de mi padre, conoció a Churchill.

—Churchill era bastante solapado —explicó el anciano—.

Estaba obsesionado con Shaka, por eso viajó hasta Sudáfrica. No lo hizo para informar ni para luchar, sino para descubrir los misterios del *isipho*.

Dan miró cautelosamente a su hermana y después de nuevo al anciano, cuyos ojos se estaban enrojeciendo.

—¿*Isipho*?

—Es algo que Shaka entregó a los europeos —explicó el hombre—. Ellos le salvaron la vida con su medicina, y él creyó que tenían poderes mágicos. Pero es que ellos también estaban buscando algo. Algo que tenían los zulúes. Algo que los europeos se llevaron y transformaron en una poción. Se dijo que llegaron a ampliar esos poderes.

Los ojos de Amy decían exactamente lo mismo que Dan estaba pensando: «Eso suena a Cahill».

—¿Una-una-una poción?

—¡Tonterías, por supuesto! —respondió el anciano—. Pero dijeron que Shaka podría ser uno de ellos... alguien perteneciente a su familia. ¡Y Shaka confió en ellos! ¡No debería haberse fiado de nadie! ¡Shaka debería haberle dado a Fynn el *aniklwa*!

—Padre, por favor, no empecemos de nuevo —suplicó el señor Cole. Mientras se llevaba a su padre hacia la exposición, hizo un gesto de disculpa a Dan—. Siéntete libre de explorar todo esto.

—¡Los Tomas! —le dijo Amy a Nella mientras ésta tomaba la entrada de la autopista—. El señor Cole estaba hablando de ellos.

—Los cabezones haciendo preguntas sobre Shaka y Churchill... —respondió Nella—. La verdad es que tiene sentido.

—Y además robando un escudo que, casualmente, contiene el blasón Tomas —puntualizó Dan, con la nariz enterrada en su biografía de Shaka.

—¿Recordáis por qué lloriqueaba el señor Holt? —preguntó Amy—. Eso de que los otros Tomas habían encontrado la pista y bla, bla, bla. Pensé que estaba comportándose como un paranoico, pero tal vez tenga razón. Puede que los ladrones que visitaron el museo sean los que al final encontraron la pista.

—Fynn... Eso es, ¡aquí está! —dijo Dan, señalando una página de su biografía de Shaka—. Éste es el hombre al que se refería el anciano: Henry Francis Fynn. Tras una batalla, ofreció ayuda médica y armas a Shaka, que le quedó tan agradecido que permitió que los británicos se relacionasen con el pueblo zulú. Entonces las cosas comenzaron a fastidiarse. Y fueron cada vez a peor. Años después, Fynn insultó a Shaka en un libro, diciendo que era un monstruo.

Amy asintió.

—Inglaterra trataba de colonizar Sudáfrica, principalmente por los diamantes.

—¡Exacto! —exclamó Dan—. Y de todas formas, incluso sin los rifles europeos, Shaka era una superestrella. Antes de que él fuese rey, las tribus luchaban lanzándose largas lanzas las unas a las otras y esperando. O sea, que les daba tiempo a tomar un café antes de que la lanza cayese. Shaka dijo «de eso nada, monada»; bueno, igual no dijo «monada», tal vez usó un equivalente en zulú..., «¡las lanzas cortas son mejores! De ese modo puedes acercarte a tu horrible enemigo, plantarle cara y... ¡zas! ¡Apuñalarlo!».

—¿Has considerado una carrera como escritor? —preguntó Nella.

—¿Explica tu libro qué es un *isipho*? —demandó Amy.

—Negativo —respondió Dan, moviendo la cabeza.

—Dan... —dijo la muchacha—. Fynn y los otros europeos... le dijeron a Shaka que era «de la familia». O eso dijo el anciano. Tal vez Shaka sí que fuera un Cahill después de todo. Tal vez no por nacimiento, sino por algo que intercambiaron, como el *isipho*.

Siguiendo las instrucciones de Carlo, Nella salió de Durban y se dirigió al noroeste en dirección -29086341 / 3132817. Pequeñas aldeas salpicaban el paisaje, aldeas formadas por un conjunto de cabañas circulares hechas de ladrillos de barro y con tejados de paja bien atada. En una de las aldeas, un grupo de hombres arreaban al ganado en un destartalado corral de madera. En otra, Dan intercambió saludos desde el coche con un grupo de hombres que fabricaban ladrillos de barro y los apilaban en perfectos montones de un color marrón rojizo. Nella tuvo que virar bruscamente para evitar a un grupo de mujeres que caminaban por la calle, equilibrando lo que parecían las ramas de todo un árbol en sus cabezas. Y una clase al aire libre de niños pequeños los miraba ociosamente mientras el Yugo pasaba por delante. Parecían tan aburridos como cualquier niño estadounidense dentro de una aula.

—Carretera no detectada —informaba Carlo ahora—. Gire a la derecha en cuanto le sea posible.

Nella se detuvo. A la derecha había un montón de gente entre mantas cubiertas de ropa, abalorios, objetos de artesanía y recipientes con comida. Alrededor del perímetro la gente cantaba y bailaba, los niños corrían de un lado a otro jugando y los ancianos estaban sentados como reyes y reinas mientras los demás hacían todo lo posible por entretenerlos.

La mayor parte de los aldeanos iban vestidos al estilo occidental, con ropa de diario, pero algunos de ellos llevaban piedras coloridas, pieles de becerro y vestidos con adornos.

—Una feria callejera —dijo Dan—, pero sin la calle.

—*Sawubona!* ¡Bienvenidos! —gritó uno de los vendedores, un hombre joven vestido con lo que parecía una piel de leopardo, a juego con una cinta para el pelo también de leopardo. Hizo un gesto señalando las riquezas que estaban dispuestas a su alrededor y les habló con un acento de *clicks* combinado con un deje inglés—. ¡Tenemos abalorios, estatuas, comida...! ¡Uníos a nosotros! Yo me llamo Mondli... *Mondli* es una palabra zulú que significa «el que da de comer». ¿Y vosotros?

—Yo soy Dan —respondió el muchacho—. Es una palabra americana que significa «el que come». ¿Qué celebráis?

—¡El día de la Pensión! Los ancianos de nuestra comunidad reciben una paga al mes. Nosotros los respetamos, lo celebramos y ellos compran. —Mondli soltó una carcajada y mostró una elaborada falda de abalorios a Amy—. ¿Para la jovencita?

—Pega más... con el estilo de Nella —respondió la muchacha.

Sin embargo, Nella tenía la mirada perdida en la distancia.

—Eh, chicos... Según Carlo, allí es adonde nos dirigimos.

Dan siguió la dirección de su mirada. Más allá de la feria, un prado en pendiente se elevaba vertiginosamente. Estaba plagado de escarpadas formaciones rocosas. En la parte superior, una distante manada de antílopes de cuernos largos pacía tranquilamente. Una área boscosa se extendía por una cuesta hacia la izquierda, pero Nella observaba fijamente un edificio achaparrado y blanco situado en lo alto de la colina.

—¿Ahí? —preguntó Mondli—. ¿Estáis seguros? ¿Puedo preguntaros qué os trae por aquí?

—Estamos... eh, investigando sobre la cultura zulú —respondió Dan. Amy lo miró con cara de loca.

—Ah, pues en ese caso quedaos con nosotros —dijo Mondli, y luego señaló hacia la colina con el ceño fruncido—. Eso de ahí no lo construimos los zulúes.

—¿Y quiénes lo construyeron? —preguntó Dan.

Mondli se encogió de hombros.

—Gente blanca, gente amarilla, gente oscura... Es una fábrica. Nos dijeron que traería empleo, pero los que fueron a trabajar ahí... cambiaron.

—¿Cambiaron? —se extrañó Nella—. ¿En qué sentido?

—Lo guardan en secreto —respondió Mondli disgustado—. Nunca nos lo han contado. Pero es un cambio muy importante. Dijeron que nuestro pueblo se beneficiaría, pero aún no ha sido así. Varios de nuestros hombres y mujeres jóvenes desaparecieron. La compañía dijo que los habían trasladado a emplazamientos secretos.

Uno de los ancianos, que antes estaba sentado en una silla próxima a ellos, se les acercó. Iba descalzo y llevaba ropa lisa y ancha.

—*Tokoloshe!* —exclamó, señalando a lo alto de la colina con un dedo tembloroso—. *Tokoloshe!*

—Discúlpeme.

Mondli asintió respetuosamente y acompañó al hombre de nuevo a su asiento, hablándole en zulú. De vuelta hacia Dan y Amy, hizo un gesto para que se alejasen un poco más. Bajo la sombra de un árbol con una copa que parecía haber sido aplastada por una mano enorme, Mondli les dijo:

—Hemos intentado que esa gente abandone la comunidad.

Yo soy un estudiante universitario. Algunos amigos estamos negociando con alguien de allí. Pero por el momento no hemos tenido éxito. —Miró hacia la colina—. Hemos infiltrado a un espía, pero para conseguir vencer a esa gente, haría falta todo un ejército, prácticamente.

A Dan no le gustaba un pelo esa historia. Observó el imponente edificio y tragó saliva.

—Si nosotros, eh... decidiéramos ir ahí arriba, ¿cuál sería la mejor forma de hacerlo?

Mondli señaló una ruta por una empinada pendiente entre las rocas.

—Yo no os lo recomiendo, pero... seguid el sendero. Hagáis lo que hagáis, evitad los árboles, porque hay trampas para la caza. —Dio un paso hacia atrás, y sacó un fajo de papeles de debajo de su toga—. Yo soy cartógrafo de oficio. Mi empresa está especializada en el mapeado de esta zona. Aún no hemos terminado, pero aquí tenéis una copia. Será un bonito recuerdo.

—Gracias —respondió Dan—. Una pregunta: ¿qué trataba de decirnos ese hombre?

—Él es un *sangoma*, un curandero tradicional —respondió Mondli—. La mayoría de la gente mira a lo alto de la colina y ve una enorme compañía. Sin embargo, él ve algo distinto: *tokoloshe*.

—*Toko...?* —preguntó Amy.

—No hay traducción para esa palabra —explicó Mondli con un suspiro—. ¿Vosotros creéis en las almas? El *tokoloshe* se lleva las almas. Ellos te la roban y nunca te la devuelven.

CAPÍTULO 20

PERROS GUARDIANES.

ALTA TENSIÓN. PELIGRO DE MUERTE.

¡ALARMAS! ¡PROHIBIDA LA ENTRADA!

Dan se quedó boquiabierto ante la señal del portalón cerrado. Tras él se extendía un camino de piedra flanqueado por arbustos que iba a dar a un edificio sin ventanas de planta hexagonal, construido en un mármol pálido que parecía cambiar de tono según el reflejo de la luz. A un lado, una enorme máquina de aire acondicionado emitía un monótono zumbido, y sobre la puerta delantera había un letrero con el logo de una empresa: UBUHLALU ELECTRONICS.

—Vaya, qué ambiente tan animado —dijo Nella, irónicamente.

—Cr-creo que el señor Mondli tenía razón —intervino Amy—, y que probablemente no deberíamos hacer esto.

—¿Y cómo quieres que entremos ahí entonces? —preguntó Nella.

—¿Realmente queremos entrar? —planteó Amy—. Podría ser como buscar una aguja en un pajar. Pensad una cosa: Churchill escribió estas coordenadas hace unos cien años, y no sabemos si los Tomas están aquí realmente. ¿Y si se han mudado?

Nella miró el edificio. Su rostro denotaba escepticismo.

—Este edificio no tiene pinta de ser muy Tomas —opinó la joven.

Dan se paró a pensar. Las coordenadas de Churchill indicaban una pista. Y la descripción del señor Mondli coincidía bastante bien con la imagen de un Tomas cualquiera. Aunque las grandes empresas también pueden ser hostiles.

—Registremos este lugar —sugirió el muchacho, dirigiéndose hacia un lado del edificio—, y tened cuidado cuando os acerquéis a los arbustos.

—¿Por qué? —preguntó Amy.

—Estamos en Sudáfrica, hermana —respondió él—. Éste es el hogar de las cobras. Y no sólo de aquellas que están buenas, como Ian.

Rodeó el edificio hasta el lado opuesto, donde una colina descendía con suavidad. Por detrás del edificio, se extendía una estructura de metal fea y oxidada que parecía los restos de un viejo almacén. Sobre la estructura se amontonaba un gran número de chapas de paneles solares de un color azul brillante. Una verja blanca y cuidada bordeaba el almacén, y se prologaba colina abajo desde la pared más grande del edificio mayor. Un jardinero que parecía cansado abrió una puerta en el almacén. Frunció el ceño y les hizo un gesto para que se marchasen. Después, desapareció en el interior de la estructura.

—Parecen respetuosos con el medio ambiente —observó Amy—. Un viejo edificio debajo y paneles de celdas fotovoltaicas encima.

De la verja colgaba un letrero con un mensaje en diferentes

idiomas que decía: «Acceso restringido más allá de este punto/ colectores de energía».

—Está bien, esto lo deja claro —dijo Nella—. Sugiero que volvamos a bajar, que compremos algunos abalorios a esa gente y que contemos algunos chistes de antílopes...

Sin embargo, Dan le había echado el ojo a algo. Pegado al edificio más grande, se elevaba un poste de madera. Una tira de cristal lo recorría de arriba abajo. Una serie de postes como éste habían sido colocados en el área ajardinada entre la valla y los colectores solares, como cactus perdidos... Parecían los restos de una antigua verja que, sin embargo, ahora estaba dentro del terreno.

—Amy, ¿tienes una moneda?

La muchacha sacó varias monedas indonesias, rupias, de su bolsillo y se las dio a su hermano. Éste se alejó un poco y las lanzó hacia el viejo edificio.

¡Zip! ¡Zip! ¡Zip!

Una a una, las monedas fueron chispeando y cayendo al suelo, dejando tras de sí un rastro de humo.

—Increíble —dijo Nella, boquiabierta—. ¿Cómo lo has adivinado?

—Hay un cerco eléctrico invisible —explicó Dan—. Si lo atraviesas, te fríes. El jardinero debe de ser quien lo enciende y apaga.

—¿Fríen a la gente para proteger unos paneles solares? —preguntó Amy.

—Vamos, ya va siendo hora de que les hagamos una visita.
—Dan echó a correr de nuevo hacia la puerta principal.

Amy alcanzó a su hermano justo frente a la señal de aviso.

—«Perros guardianes. Alta tensión.» ¿Qué va primero?

—Tal vez haya un timbre —sugirió Nella.

—Uf, la verdad es que aún podría ser peor —dijo Dan—. Por lo menos no dice... —Con el rabillo del ojo detectó un movimiento resbaladizo sobre el césped—. ¡Serpientes!

Amy puso los ojos en blanco.

—¡Qué divertido!

—¡No, Amy, mira!

—G... g... —A Amy se le habían atascado las palabras. Sintió el peso a lo largo de las puntas de sus zapatos incluso antes de mirar hacia abajo, y cuando lo hizo, tenía los pies bajo el verde cuerpo viscoso de una serpiente de al menos dos metros de largo. Se deslizaba con rapidez. Sus ojos eran profundos.

—Una mamba —dijo Dan, recordando sus clases de ciencias. Las serpientes eran el único tema que lo mantenía despierto en la escuela—. No te muevas. Siempre y cuando mantenga la cabeza pegada al suelo, no habrá ningún problema.

A Amy le temblaban los brazos. Tenía el rostro blanco como la nieve. La mole del cuerpo de la serpiente estaba encima de ella ahora... la cola... ya faltaba poco...

¡Plaf!

En ese momento se abrió la puerta del edificio. Amy saltó asustada.

Con un silbido enfurecido y un aleteo de la cola, la serpiente se alejó por el césped.

—¡Dan! —gritó Amy.

Un hombre se dirigía hacia ellos furioso, por el camino de baldosas. Tenía la piel oscura y debía de medir unos dos metros. Su panza sobresalía de manera que la camisa le quedaba ajustada y se le abría entre los botones. Una cicatriz atravesaba su ceja izquierda, recorriéndole toda la mejilla hasta la mandíbula. Los miró con los ojos enrojecidos. Llevaba un rifle en la mano derecha.

La serpiente se elevó, con los ojos clavados en el guardia, y cuando el hombre se acercó, ella embistió.

Con un movimiento fluido, el hombre levantó un palo del suelo con la mano libre. La mamba clavó sus dientes fuertemente en la vara. Con absoluta tranquilidad, el hombre lanzó el leño cuesta abajo, y la serpiente echó a rodar con él.

Después, miró a Dan, a Amy y a Nella. El enfado de sus ojos se había transformado en perplejidad.

—¿Puedo ayudarles?

En su placa se podía leer su nombre: «A. Bhekisisa».

—Eso ha sido impresionante —dijo Dan.

El guardia sonrió.

—Gracias. Pero estoy algo confundido. Ha sonado una alarma. ¿Habéis sido vosotros?

—Puede ser —confesó Dan—, es que estamos algo perdidos.

—Estamos... bu-bu-buscando a nuestros pa-pa-padres —tartamudeó Amy.

Dan gruñó interiormente.

El señor Bhekisisa se rió.

—Lo siento, me parece que el arma te está poniendo nervioso. Me obligan a llevarla. El equipo que tenemos aquí es bastante sensible y muy caro. Han intentado robarnos varias veces. ¡Pasad!

Amy odió en seguida aquel lugar. Era amplio y estaba extremadamente limpio, los suelos estaban pulidos y había vehículos con ruedas de goma entrando y saliendo por todas partes. Alrededor del perímetro se veían cubículos donde varias personas con pinta de empollones revisaban hojas de cálculo.

El señor Bhekisisa les pidió que se vaciasen los bolsillos por razones de seguridad, disculpándose en todo momento. Se ofreció para deshacerse de los envoltorios de los caramelos de Dan. Se fijó en las notas dobladas de Amy y en sus recuerdos y jugueteó con el iPod de Nella. Entonces abrió sus mochilas.

«La cartera de Irina.»

Amy se quedó de piedra. Como aquel hombre mirase en el interior de sus mochilas, entonces sí que sospecharía de ellos.

Pero lo único que hizo fue removerlo todo y devolverles las bolsas.

—Lo siento, son bastante paranoicos aquí —explicó el señor Bhekisisa—. ¿Dónde están vuestros padres?

—Eh... es temprano aún —respondió Dan—, en una hora o así deberían llegar.

—Entonces os llevaré a dar una vuelta por aquí —respondió el guardia.

Cuando el hombre comenzó a alejarse, Dan murmuró:

—Un cerco eléctrico invisible... ¿para esto?

—Creo que ya sé lo que significa eso de *sangoma* —respondió Nella—. Este lugar te desgarra el alma totalmente. ¡Puaj!

Amy pasó a lo largo de una pared sobre la que se apoyaban varios cartones que ocultaban parcialmente una puerta marcada con un pequeño letrero:

RADIACTIVIDAD: SÓLO PERSONAL AUTORIZADO

Sus ojos se detuvieron en aquel aviso. ¿Adónde debía conducir aquella puerta?

Se hizo un mapa mental del lugar.

«El área de almacenamiento de energía solar. El viejo almacén.»

La puerta se encontraba más o menos a la altura de los edificios del exterior. Examinó el letrero.

«Radiactividad.»

Resultaba extraño. La energía solar no era radiactiva. Además, tampoco solía estar protegida por una cerca invisible de alto voltaje.

Se acercó sigilosamente. La puerta tenía un pequeño panel rectangular y brillante cerca del pestillo. Medio encorvada, sacó la cartera de Irina de su mochila. Rebuscó entre las tarjetas de identificación hasta que sacó la de Reagan Holt. Con cuidado, la colocó frente al panel.

Una pequeña pantalla LED se iluminó:

HOLT, R.

COLOQUE EL DEDO EN EL SENSOR.

CAPÍTULO 21

—¡Dan, ven aquí! ¡Nella, tú también!

Amy corrió hacia la sala de empleados de Ubuhlalu Electronics, muy exaltada.

—¿Dónde te habías metido? —estalló Nella.

—No me lo digas —respondió Dan—, has encontrado una biblioteca.

—¿Dónde está el guardia? —preguntó Amy, buscando a su alrededor.

Dan señaló al señor Bhekisisa, que estaba en una esquina, hablando por el móvil.

Amy agarró a Nella de la mano.

—¡De prisa!

Dan las siguió por toda la planta. Amy los condujo hasta una puerta escondida detrás de una pila de cajas. El muchacho se acercó a la señal de la puerta.

—¿Radiactividad? —preguntó—. Esto debería dar al exterior, a esos edificios.

—Exacto —respondió ella—. Bien, ¿recuerdas que la cartera de Irina contenía identificaciones de todos nosotros? Llevaba un carnet de cada uno de los Holt. —Miró a un lado y a otro y después sacó tres tarjetas de identificación: las de Hamilton,

Reagan y Madison—. Cuando he puesto la tarjeta de Reagan contra la pantalla de esta puerta, me ha mostrado un registro con su nombre.

—¡Es un escondite Tomas! —exclamó Dan—. ¡Lo sabía! ¡Y tenemos acceso!

Amy movió la cabeza.

—No. El sistema pide huellas dactilares, Dan.

—¡Vaya! ¡Deberíamos haberles amputado los pulgares cuando tuvimos ocasión! ¡Lo sabía! —bromeó Nella.

Dan frunció el ceño.

—Esperad... ¿La puerta está justo aquí? ¿A la vista de todo el mundo?

—Si esta compañía es una tapadera —respondió Amy—, entonces esto estará plagado de Tomas. Tal vez lo sean todos. Así que no habría necesidad de esconder nada. La gente entrará y saldrá por esta puerta todo el tiempo.

—Déjame ver esa cartera —solicitó Dan. Amy se la entregó y él comenzó a rebuscar en su interior. Sacó las tres bolsitas de plástico que contenían los portaobjetos. En cada bolsa había una inicial escrita con un rotulador negro. Dan abrió cuidadosamente la que tenía la letra H y sacó el contenido. Lo levantó hacia la luz.

—Resulta imposible ver nada —dijo Amy—. Alguien ha dejado un manchón de un manotazo en medio.

«Un manotazo.»

Los manotazos se dan al manipular. Manipulamos las cosas con las manos. Las manos contienen...

—No es un manotazo —respondió el muchacho, a la vez que separaba las dos piezas de plástico que protegían el cristal. En su interior había una membrana húmeda y arrugada en forma de capuchón—. Es una huella.

—¿Qué? —dijo Amy.

Dan volvió a rebuscar en la cartera y extrajo la tarjeta de identificación de Hamilton.

—Sujeta esto —dijo, entregándosela a Amy. Con toda la delicadeza del mundo, Dan se colocó la membrana sobre su dedo índice de la mano derecha. Producía una sensación viscosa, más sólida de lo que se esperaba.

Hizo una señal de aprobación a su hermana.

—Ahora.

Amy pasó la tarjeta por la pantalla.

HOLT, H.

COLOQUE EL DEDO EN EL SENSOR.

Un disco redondo se iluminó en rojo, justo debajo de las palabras. Dan presionó con firmeza su dedo enfundado contra la pantalla y esperó.

—Nada —murmuró—. ¿Habré hecho algo mal?

Sacó la mano y observó la membrana.

El disco rojo parpadeó y se volvió verde. La puerta emitió un «bip».

AUTORIZACIÓN VERIFICADA.

BIENVENIDO, HAMILTON HOLT.

Se oyó un «clic» y la puerta se abrió.

—Esto es genial... —opinó Dan.

Se subió a una escalera mecánica y se volvió hacia Nella y Amy. Uno a uno, cruzaron la puerta y se colaron en el edificio de al lado.

Como la punta de un iceberg, la estructura de paneles solares era sólo el extremo superior de una pantagruélica fortaleza que parecía extenderse hasta el fin del mundo. Era como si alguien hubiese ahuecado la colina entera.

El lugar estaba iluminado con luz natural. Debía de haber ventanas colocadas estratégicamente entre los paneles solares... Tal vez estuvieran incluso incrustadas entre el césped de la superficie de la colina que tenían encima.

A medida que la escalera mecánica descendía, Dan fue observando la disposición del lugar. Tenía la forma de una enorme colmena: cámaras hexagonales interconectadas con paredes de cristal, llenas de personas.

Lo más extraño eran las voces: rugidos, gritos de angustia, súplicas de misericordia, bramidos triunfantes... Como si aquello fuera una sala de torturas con un presupuesto ilimitado. Algunas cámaras contenían dos personas, otras, grupos de gente luchando, boxeando o practicando formas de combate desconocidas para Dan.

—¿Qué hacen ahí? —preguntó Amy consternada y con el rostro contraído.

—Desde luego, no es una clase de bailes de salón —respondió Nella.

Cuando la escalera desembocó en la planta inferior, un hombre esbelto con el pelo grisáceo corrió apuradamente hacia ellos.

—Holt —dijo, mirándolos sin inmutarse—. ¿Estadounidense?

—Sí —respondió Dan.

—Soy el señor Malusi —respondió el hombre eficientemente—. Sígame.

—Y... ¡alto! —gritó una voz mientras pasaban por delante de una cámara en la que se leía: «COMBATE: ESTILO LIBRE».

—Mi despacho es más silencioso —dijo el señor Malusi por encima de su hombro. Los dirigió hasta una habitación espaciosa y helada, con el aire acondicionado a tope. Los invitó a sentarse en unas sillas de cuero y él se dirigió a su asiento, detrás de un oscuro escritorio de madera pulida.

—Holt... Holt... —dijo, repiqueteando sobre el teléfono con los dedos—. No hay mucha información por aquí. ¡Ah! ¡Madre mía! Eisenhower...

Muy a su pesar, a Dan ese insulto le sentó como un tiro.

—Nuestra familia ha sido leal durante generaciones...

—Sí, sí, los pecados del padre y etcétera —dijo el señor Malusi, medio olvidándose de ese pensamiento—. A pesar de eso, dice mucho de usted que se preste voluntario para el entrenamiento.

—¿Entrenamiento? —preguntó Nella.

—Ya han visto nuestras cápsulas —prosiguió el señor Malusi—. Cada una de ellas está dedicada a un aspecto del entrenamiento zulú adaptado al siglo XXI: agilidad, táctica, fuerza, resistencia. Los zulúes, por supuesto, fueron los mejores guerreros jamás conocidos. Dado que seguimos la historia del mejor líder de todos los tiempos, nos consideramos una escuela de líderes. —Se levantó abruptamente—. Tenemos dos horas exactas para ver las instalaciones y asignarle un dormitorio. Después, deberá escoger su especialidad de combate.

—No... no... no sé si... —tartamudeó Amy.

Pero el señor Malusi ya había salido por la puerta.

Lo siguieron más allá de una pista de boxeo de tres paredes donde dos hombres sin casco se liaban a golpes con unos guantes no demasiado acolchados. Se movían de un lado a otro a una velocidad cegadora, saltando a alturas imposibles y golpeándose el uno al otro con piernas y brazos. Parecían vencer la gravedad subiéndose por las paredes para ejecutar ataques de volteo y laterales.

—Eso es increíble —dijo Dan.

—Es el *samhetsin*, un arte marcial inventado por los Tomas —informó el señor Malusi.

Más allá del cuadrilátero, y ocupando cerca de la mitad de la habitación, había una jaula con suelo de tierra. En su interior había un hombre sin pelo en el pecho que miraba cara a cara a un animal que babeaba y que tenía el lomo arqueado.

—¿Es eso una hiena? —preguntó Dan.

El señor Malusi asintió.

—Se la ha elegido por el poder de sus mandíbulas, capaces de triturar y pulverizar huesos.

La hiena se lanzó de un salto sobre el hombre. Entre gruñidos, el hombre dio un paso hacia atrás, con lo que no sólo consiguió esquivar al animal, sino también agarrarlo por el cuello con una sola mano.

La hiena se derrumbó silenciosamente sobre el suelo.

—¡Excelente, señor Yaman! —le felicitó el señor Malusi, que, al notar el rostro horrorizado de Amy, añadió—: No se preocupe. El señor Yaman es un maestro en el arte del aislamiento del nervio, lo que inmoviliza al animal durante un corto período de tiempo. Cuando despierte, se encontrará de nuevo en libertad.

—¿Y si comete algún error? —preguntó Amy.

El señor Malusi se encogió de hombros.

—Nuestros maestros no cometen errores.

Cuando el señor Malusi retomó su camino, Dan sintió que Amy lo agarraba por la camiseta—. D-d-dan, no podemos hacer esto —dijo ella.

—Lo sé —respondió su hermano—. Estoy pensando.

—A diferencia de las otras ramas —explicó el señor Malusi por encima del hombro—, somos conscientes de que estamos inmersos en una guerra. La posesión de las pistas requerirá una gran defensa, necesitaremos contar con los defensores más feroces y hábiles que el mundo haya conocido. Puede que las otras ramas tengan conocimientos técnicos o habilidades de diseño y esas cosas. Sin embargo, sólo los Tomas estarán preparados para guardar y preservar el secreto de las 39 pistas.

«¿Y hacer qué? —pensó Dan—. ¿Qué haréis exactamente cuando tengáis en vuestras manos el mayor poder que hay en la Tierra?»

El joven miró nervioso a su hermana. Sabía que ella estaba pensando lo mismo que él.

—¿Cómo lo compartiréis, es decir, cómo lo compartiremos? —preguntó.

El señor Malusi se volvió y ladeó la cabeza con curiosidad.

—¿Compartir? Ese concepto me resulta extraño. ¿Comparte un país sus reservas nucleares? ¿Y un comerciante de éxito, comparte sus productos? Nosotros no invertimos en el negocio del caos, joven Hamilton. El nuestro es muy simple: el que lo encuentre se lo queda. Por el bien de nuestra gloriosa familia.

Los dirigió hacia una sección más alejada de las demás, del tamaño de varias cápsulas juntas.

—Éste es nuestro teatro —prosiguió—. Llegamos justo a tiempo. La obra de Shaka Zulu empieza dentro de cinco minutos.

—¿Puedo ir antes al lavabo? —preguntó Dan.

El señor Malusi comprobó la hora.

—Tiene tres minutos. Cuarta cápsula a la izquierda.

Amy tenía un horrible presentimiento ya desde antes de que empezase la función.

En el centro de entrenamiento Tomas se sentía como en una especie de fantasía apocalíptica. ¿Era ésa la filosofía de aquella rama? ¿Convertir a la gente en máquinas de luchar? Si esto era lo que el poder le hacía a la gente, ¿para qué seguir buscando las pistas?

«Porque Grace quería que lo hiciéramos —pensó la muchacha—. La abuela tenía un plan y ella no era una Tomas.»

¿O sí lo era? Amy se dio cuenta de que además de desconocer su rama y la de su hermano, también desconocían la de Grace.

Cuando las luces comenzaron a apagarse, Dan se sentó a su lado y la función comenzó. El señor Malusi, que estaba sentado una fila por delante de ellos, comprobó la hora y miró a Dan con desaprobación.

Siguiendo el ritmo de un grupo de música vestido con ropajes tradicionales, la obra contaba la historia de Shaka. Era brutal y realista, y alcanzaba su punto culminante en la batalla de Ndwandwe-Zulu, momento en el que cientos de actores se arrancaban los escudos mutuamente con gestos exagerados y tirándose lanzas los unos a los otros. Amy cerró los ojos.

—Puaj —murmuró Nella.

—No es real —susurró Dan—, o al menos eso creo.

Cuando Amy abrió los ojos, el actor que representaba a Shaka estaba lanzando a una anciana que gritaba contra una cabaña. Llevaba la cara cubierta con un maquillaje marrón azulado, mientras que los ojos eran totalmente blancos. Gritaba a los cielos, causando una explosión de luces en la pantalla. Desde el fondo de la escena llegaron entonces tres chacales con una apariencia muy real. El señor Malusi se volvió hacia ellos.

—Shaka era increíble, pero también muy despiadado —explicó entusiasmado—. Creía que la madre de Zwide, el rey Ndwandwe, que era su mayor rival, era un malvado *sangoma* cuyo espíritu había accedido mágicamente al reino zulú y había masacrado a su pueblo. Así que, cuando la capturaron, decidió alimentar a los chacales con ella...

—¡Ahhhh! —se oyó un grito desde el interior de la cabaña.

Amy no pudo soportarlo. Se levantó de un salto y echó a correr.

—¿Una Tomas con un estómago tan débil? —preguntó el señor Malusi a Dan—. También contamos con entrenamientos para eso.

—Saldré a hablar con ella —sugirió Dan.

La encontró en el exterior del teatro, caminando hacia delante y hacia atrás.

—Vámonos de aquí —dijo—. Quiero salir de aquí, Dan. Odio este lugar.

—Eres brillante —respondió Dan, cogiéndola del brazo—. Llevaba un rato pensando en cómo podía abandonar el teatro contigo, pero tú lo has hecho por mí. Date prisa.

—¿Adónde vamos? —preguntó Amy.

—Antes no he ido al baño —confesó Dan—. Mientras bajábamos la escalera, he notado que había una cápsula distinta a las demás. Así que he ido a echar un vistazo...

La dirigió al centro de la colmena. Allí, entraron en una cámara con paredes de cristal recubiertas de hiedra. Los muros parecían ascender hacia el cielo varios kilómetros de distancia, hasta llegar a un soleado cuadrángulo con senderos de hierba serpenteantes. Cactus exóticos con brotes ligeramente coloridos oscurecían lo que parecía un monumento de piedra.

—Son unos diez mil metros cuadrados —calculó Amy.

—Vamos —dijo Dan—. Tenemos permiso, no olvides que somos Tomas.

Amy lo siguió hasta la enorme cápsula y a lo largo de uno de los senderos, hasta que se encontraron frente al monumento. Tenía la forma de una cabaña circular zulú con un tejado de paja puntiagudo. Frente a él, había una estatua de Shaka Zulu sujetando un escudo a tamaño real. En el centro de éste se encontraba el blasón de los Tomas.

—¡Éste es el escudo que robaron en el museo de Durban! —susurró Amy.

Dan estaba observando una serie de placas en las paredes de la choza, cada una de las cuales estaba en un idioma distinto.

—Holandés... afrikaans... zulú... —leyó Dan—. Xitsonga... xhosa... sesotho... setswana... siswati... shangaan... venda... tsonga... ¡aquí está el nuestro!

EN MEMORIA DE
Shaka Zulu
GUERRERO UNIFICADOR
Que su alma descanse en paz
Y que resida en la libertad
de los sudafricanos
de todo el mundo

—¿Dan, es esto...? —preguntó Amy.

—¿Una cripta? —El rostro de Dan estaba tan lleno de emoción que parecía que fuera a explotar—. Vale, la localización de este edificio coincide con las coordenadas de Churchill... y él escribió: «Ingrediente Tomas con Shaka en el suelo». La leyenda dice que Shaka fue enterrado en Durban, pero nadie ha sido capaz de probarlo. Es éste, Amy. ¡Hemos encontrado la verdadera tumba de Shaka Zulu!

Amy miró hacia abajo. El suelo estaba seco y duro, y la base del monumento estaba invadida por plantas parecidas a los cactus. Cuando volvió a mirar hacia arriba, Dan sujetaba una lanza.

—¿Qué vas a hacer con esa cosa? —siseó Amy.

—No es una cosa, es una azagaya —corrigió Dan—. Aquí las hay por todas partes. Antes he escondido una entre la vegetación.

Apuntó con ella a Amy y luego la clavó en el suelo.

—¡Eh! —gritó Amy, apartándose a un lado.

La lanza se enterró con un sólido «pum», partiendo uno de aquellos cactus.

—Puedo lograrlo —dijo Dan—, pero necesito que me cubras. ¿Cuánto crees que durará la función?

—¡El señor Malusi no se va a dejar engañar durante mucho tiempo! —insistió Amy—. Esto es un suicidio. Me opongo totalmente. Dan, no lo vamos a conseguir.

—¿Dan? ¿Amy? —los llamó Nella desde el pasillo—. Chicos, ¿dónde estáis?

Amy se volvió y en ese mismo instante la puerta se abrió.

CAPÍTULO 22

El Hombre de Negro odiaba los aeropuertos; demasiada espera, demasiadas medidas de seguridad.

Miró hacia arriba. Su sistema de vigilancia le había indicado que el enemigo podría llegar en cualquier momento, pero los vuelos estaban atestados ese día. Los horarios se trastocarían y los aterrizajes se deberían posponer. Podrían estar dando vueltas durante mucho tiempo. O si no, ¡había que cruzar los dedos!, cabía la posibilidad de que fueran enviados a otro aeropuerto.

Sin embargo, las apariciones repentinas eran una costumbre bastante Lucian, y el Hombre de Negro tenía la paciencia de un santo. Con el rabillo del ojo, divisó a alguien que se acercaba a la plataforma de aterrizaje circular. El empleado de una línea aérea. Bajó la lente de aumento de sus gafas de sol y esperó a tener una vista frontal clara del rostro.

«Ahora.» Utilizando la cámara con objetivo de alta resolución de la montura de sus gafas, capturó una imagen y la introdujo en su dispositivo de vigilancia portátil. Esperó siete segundos hasta que el sistema la reconoció en la base de datos maestra.

Era un operario Lucian. Un manitas, sin duda. Un trabajo

muy bien pagado en estos tiempos, debido a la dificultad de infiltrarse en las líneas aéreas.

El Hombre de Negro sonrió. Los dos estaban esperando el mismo vuelo, pero por razones muy diversas.

Un distante ruido familiar atravesó el aire a una menor altitud. Un asistente Lucian miró hacia arriba; su rostro era una rígida máscara de eficiencia.

Cuando el Hombre de Negro comenzó a caminar hacia adelante, un enorme pañuelo de seda le fue lanzado desde detrás. Levantó rápidamente la mano y lo atrapó al vuelo antes de que llegara a rozarle siquiera el cuello.

Un Hermès de seda.

Se volvió ágilmente y levantó el foulard, y con él, los brazos de su atacante.

Enroscó el pañuelo en el cuello de Alistair Oh.

—Arg —gimió el recién llegado.

—Alistair —dijo el Hombre de Negro—. Creo que a tu edad y con tu experiencia, deberías saber que acabas de cometer un tremendo error.

Dan permaneció inmóvil frente al monumento de Shaka, conteniendo la respiración.

—¡Chicos, el señor Malusi os está buscando! —se oyó la voz de Nella, que parecía haber entrado en pánico, desde la puerta de la cápsula-patio—. ¿Dónde estáis?

—Yo me encargo de esto —le dijo Amy a su hermano—. Volveré al teatro y me inventaré alguna excusa para explicarle al señor Malusi por qué no regresas aún. ¡Date prisa!

Corrió hacia la puerta, que se cerró con un suave «pum».

Dan caminó alrededor del monumento. ¿Por dónde podía

empezar? Aquellas plantas con aspecto de cactus eran gruesas y muy difíciles de mover. Tiró de los tallos todo lo que pudo y examinó la suave piedra de la base del monumento, esperando encontrar algún indicio.

Justo debajo de la estatua de Shaka, la piedra tenía tres o cuatro marcas. Como si alguien la hubiese golpeado con algún instrumento romo, como por ejemplo una pala gruesa. Era un lugar tan bueno para comenzar como cualquier otro.

Dan se puso a cavar con la cuchilla. El suelo estaba muy compactado, pero él no cesó en su empeño, lanzando pequeñas cantidades de tierra. Una azagaya podía ser una lanza estupenda, pero era una pala horrible.

Le llegó jaleo procedente de fuera, una especie de estruendo de voces. Comenzó a clavar la pala con más fuerza, aumentando el ritmo de trabajo... plas, plas, plas... lo que creó un gran eco contra las paredes que lo rodeaban.

Una voz se filtró en la habitación desde el exterior. Cada vez estaba más cerca.

—Ya sé que sólo se trata de un niño... pero es un niño Tomas, ¡así que espero un sentido de la responsabilidad digno de un Tomas!

El señor Malusi.

Plas... plas... plas...

El sudor resbalaba hasta sus ojos y le escocía.

—¿Podría enseñarme las artes marciales que practican las mujeres? —preguntó Amy.

Cloc.

Dan se detuvo y se arrodilló. La punta de la flecha había topado con algo sólido. Movió a un lado la tierra suelta. No se trataba ni de una raíz ni de una roca. Era algo metálico.

Dan colocó una mano cerca de la cuchilla de la azagaya y

estabilizó la pica con la otra, y luego fue apartando la tierra hasta que pudo distinguir los bordes de algo cuadrado.

Siguió cavando por los cuatro lados del mismo. Aunque, en lugar de cavar, parecía más bien que estuviera deshaciéndose de las plantas. La madeja de raíces era tan densa que parecía una armilla de serpientes muertas. Finalmente, consiguió liberar el objeto y lo sacó de allí.

Era un pequeño cubo metálico con una bisagra centrada en el borde y un antiguo cierre atascado por la tierra.

Limpió bien la caja y descubrió la palabra Shaka grabada en la parte superior de la tapa. Tiró del cierre, pero éste no se movió.

El corazón del muchacho latía con fuerza. El mensaje de Churchill decía: «En el suelo con Shaka».

Tenía que ser aquello.

Se levantó y volvió a llenar de tierra el agujero. Lanzó trozos de plantas rotas sobre el montón y lo fue apisonando fuertemente con los pies. Finalmente, tiró la azagaya entre los matorrales, se acercó su mochila y la abrió.

Entonces notó que una afilada cresta en la base de piedra del monumento sobresalía un par de centímetros desde la estatua de la cabaña. Si pudiese golpear el cierre con la suficiente fuerza...

Dejando caer su mochila abierta sobre el suelo, sujetó la caja por encima de la cabeza y la golpeó con fuerza, pero contra la piedra, lo que produjo un ruido sordo que resonó débilmente en el patio.

Apretó los dientes y volvió a levantar la caja. Con un fuerte gruñido, volvió a mandarla contra el suelo. El cierre chocó contra el borde y se rompió limpiamente en dos partes.

¡BIP! ¡BIP! ¡BIP!

Una alarma comenzó a sonar en ese instante. Dan recogió la caja y su mochila y corrió hacia la puerta, que con un fuerte «¡clan!» se abrió de repente.

El señor Malusi irrumpió en el patio, seguido de Amy y Nella.

—Jovencito, ¿qué diablos está haciendo?

CAPÍTULO 23

—¡Amy, Nella, corred! —gritó Dan.

El señor Malusi se precipitó sobre él. Dan se apresuró a coger la azagaya y la lanzó contra una de las paredes de cristal. La lanza atravesó la enredadera e hizo añicos la pared, causando una explosión ensordecedora.

El muchacho echó a correr hacia la pared y saltó entre las plantas. Se lanzó por el agujero y salió de la cápsula. La amplia sala central, con sus serpenteantes pasillos, era un auténtico caos.

—¡Deténganlo! —gritó el señor Malusi.

Dan examinó el área con la mirada y echó a correr hacia delante, agarrando con fuerza su mochila. Amy y Nella fueron hacia él.

—¡Seguidme! —gritó.

Un zumbido se extendió por el complejo. Unos intensos focos de emergencia comenzaron a parpadear en lo alto, proyectando columnas de una cegadora luz blanca en todas las habitaciones. Se oían golpes de puertas que se cerraban por todas partes.

—¡La escalera mecánica! —exclamó Nella.

Dan miró hacia arriba. La puerta en lo alto de la escalera

se había abierto y un torrente de personas vestidas de blanco descendían desde el otro edificio.

—Creo que no —respondió Dan—. Vamos, busquemos la pared más externa y sigámosla.

La densa red de cápsulas superpuestas hacía que la pared fuese el mejor lugar donde esconderse. Se arrastraron lentamente a lo largo de ésta. En medio del caos, Dan oyó un grito estridente sobre sus cabezas.

—¡Agachaos!

Se tumbaron en el suelo hasta que el muchacho comprendió que se trataba de un pájaro. Probablemente había entrado por la puerta del jardinero.

«La puerta.»

—¿Dónde debe de estar? —Comenzó a buscar a su alrededor frenéticamente.

Allí. Estaba cerrada con fuerza, muy por encima de sus cabezas. Justo al lado había una jaula de malla metálica. Era la cabina de un ascensor.

—¡Seguidme! —gritó, echando a correr hacia la parte inferior de la jaula. El elevador estaba sobre el suelo, con la puerta abierta. En su interior había dos maceteros de barro rotos y unos trozos de manguera de jardín—. ¡Entrad!

Una vez Nella y Amy estuvieron dentro, cerró la puerta y cambió un interruptor metálico a la posición de ON. El ascensor se elevó lentamente por encima del caos. Se encogieron contra el suelo del elevador, que estaba lleno de tierra, para mantenerse lejos de la vista del enjambre de Tomas, que gritaba allí abajo, a los que habían conseguido despistar.

—¡Deténganlos! —gritó una voz.

O a los que casi habían conseguido despistar.

El ascensor se detuvo repentinamente.

—¡Dan! —gritó Amy.

Los treinta centímetros de la parte superior del elevador ya habían alcanzado la puerta de salida hacia el almacén. El hueco era lo suficientemente grande como para que pudiera pasar por él una persona. Dan tiró de la puerta y la abrió; después, ahuecó las manos.

—Podemos conseguirlo. Amy, tú primero.

—¡No puedo dejarte aquí! —protestó la muchacha.

—¡De prisa, antes de que bajen esto! —exclamó Dan.

El muchacho la levantó y ella se coló por la abertura.

—Eres el siguiente, enano —dijo Nella—. Y no se te ocurra discutírmelo.

La niñera le dio un empujón y él subió. Dan echó su mochila a un lado, se asomó y agarró a Nella. Entre él y Amy sujetaron los brazos de la niñera y tiraron.

El ascensor chirrió y vibró. Acababa de iniciar el descenso.

—¡Tirad con fuerza! —gritó Nella.

Ya estaba casi fuera, pero el espacio se estrechaba cada vez más.

Desde detrás de ellos, el brazo de un hombre alcanzó la abertura del elevador. Con la palma de la mano presionó hacia arriba contra el techo de la cabina, mientras con el codo apoyado en el suelo hacía fuerza para mantener la abertura.

El ascensor crujió y dejó de moverse. Con el otro brazo, el hombre agarró a Nella.

Dan se puso tenso. No había tiempo de pensar ni de mirar.

—¡Ahora! —gritó el hombre.

—¡Ahhhh! —gritó la niñera, dejándose caer sobre el césped.

Dan y Amy se tumbaron a su lado, mientras el ascensor desaparecía rápidamente de su vista.

—¿Se te ha caído esto? —preguntó una voz profunda.

Dan se volvió hacia el hombre que acababa de salvar a Nella. El señor Bhekisisa sostenía la caja de Shaka entre sus manos. Esta vez, no sonreía.

—¿Dónde habéis encontrado esto? —quiso saber el hombre.

—No tenía intención de robar nada. ¡Lo devolveré! —se defendió Dan—. ¡Se... seguro que podemos llegar a un acuerdo!

—Venid conmigo. Todos vosotros —ordenó—. ¡Ya!

Comenzó a correr colina abajo, alejándose de la puerta principal de Ubuhlalu.

Amy no tenía la menor intención de seguir a aquel tipo hasta... ¿dónde?

—¿Adónde va? —preguntó la joven.

—¿Necesitáis invitación? —dijo el señor Bhekisisa.

—Vamos —respondió Dan—. ¡Tiene la caja!

Mientras Dan, Amy y Nella corrían detrás de él, el señor Bhekisisa gritó:

—Nunca habían tenido brechas de seguridad como ésta. Sois afortunados. Les dije que habíais encontrado la red de túneles secretos. Eso los mantendrá ocupados durante un buen rato.

—Espera... eres... —dijo Dan.

—«Hemos infiltrado a un espía, pero para conseguir vencer a esta gente, haría falta todo un ejército, prácticamente...» Eso era lo que el señor Mondli les había dicho.

—¡Eres un espía! —exclamó Dan.

El señor Bhekisisa se movía de prisa.

—Antes era... un Tomas —dijo entrecortadamente—. Ahora... soy lo que era cuando nací: un sudafricano. Apresuraos. Hay más de los nuestros esperando.

—¿Más? —preguntó Nella—. ¿Y cómo se han enterado?

—¡Corred! —El señor Bhekisisa se dirigió hacia la pendiente, en dirección al bosque. Allí, un grupo de hombres y mujeres avanzaban hacia ellos.

Dan iba detrás de él. Amy y Nella lo seguían de cerca. Tenía los ojos clavados en el hombre de delante. Su aspecto le pareció familiar desde el primer momento. Tenía el rostro lleno de arrugas y una larga cicatriz. Sus ojos eran de un verde grisáceo. Sus pantalones caqui y su camisa le quedaban mucho mejor que el atuendo de vendedor con el que lo habían visto antes.

—¿Necesitáis un coche con conductor? ¿O es que los jóvenes enérgicos como vosotros sois capaces de recorrer Sudáfrica por vuestra cuenta?

—¡Tú! —exclamó Dan—. ¡Eres el tipo del aeropuerto! ¡El que nos dio la tarjeta!

El hombre se estaba limpiando el sudor de la frente.

—¿Qué ha pasado ahí arriba, Bhekisisa? —preguntó inmediatamente.

El señor Bhekisisa sujetó la caja con una gran sonrisa.

—Son unos niños muy inteligentes.

El otro hombre se quedó boquiabierto.

—¡Increíble! ¿Realmente habéis encontrado la pista de Churchill?

—Su ayuda... —dijo Amy—. Constitution Hill...

—Sí, y Church Hill —respondió el hombre con unas palabras llenas de clicks—. Disculpad mi licencia poética con la ortografía en esa última... un poquito de simetría poética. Éstos son mis estudiantes.

Hizo un gesto señalando hacia atrás, pero mantuvo la mirada fija en la caja.

Amy suspiró. Dan levantó la cabeza y siguió su mirada hacia el grupo de gente, entre los que vio a un muchacho alto y de cabello castaño con una sonrisa en la cara.

—¿Kurt? —preguntó Amy, con los ojos como platos—. ¿Qué estás haciendo aquí?

—A veces canto en la clase del profesor Bardsley. Nos dijo que hoy haríamos una excursión para realizar trabajo de campo. —Cuando Kurt dio un paso adelante, sus ojos se movieron hasta el señor Bhekisisa, que jadeaba con la caja fuertemente agarrada entre sus manos. La emocionada sonrisa de Kurt se desvaneció y se transformó en una mirada de preocupación cuando volvió a mirar a Amy.

—¿Estás bien? ¿Qué pasa?

El profesor Bardsley dio un golpecito en el hombro de Kurt.

—¿Conocéis a Kurt, niños? Es un magnífico cantante... Ojalá pudiera venir desde Emalahleni más a menudo. —Sonrió a los estudiantes y en seguida se volvió de nuevo hacia los recién llegados—. La pista ¿está ahí?

El señor Bhekisisa entregó la caja a Dan y él la recogió.

—Cederé el honor de abrirla a los dos hermanos, pero debemos ir a donde no nos vean.

—Vamos, entonces —les apremió el profesor Bardsley—. De prisa.

Se apresuró a meterse entre los árboles. Kurt cogió a Amy de la mano y lo siguió, con Nella pisándoles los talones.

Pero Dan se quedó de piedra. «Hagáis lo que hagáis, evitad los árboles.»

—¡Esperad..., no podemos ir ahí! —exclamó—. ¡Recordad lo que nos dijo el señor Mondli!

—¡Ahora no podemos preocuparnos por eso! —le gritó Amy—. ¡Esta gente conoce la zona!

Dan corrió colina abajo y se reunió con Nella, Amy y Kurt, que corrían detrás del profesor Bardsley.

—¿Quién os persigue? —preguntó Kurt, mientras ayudaba a Amy a saltar sobre un tronco.

—Te lo explicará luego —respondió Nella, sin aliento—. Así que Bhekisisa no es un Tomas verdadero, y vosotros estáis de parte de Bhekisisa y habéis venido a rescatarnos. Y sabéis lo de las 39 pistas. ¿No pretenderá decirnos que usted es un profesor que, casualmente, ha venido a pasear entre los árboles con su coro?

El profesor Bardsley habló rápido mientras miraba hacia atrás constantemente por encima del hombro.

—La mayor parte de nosotros fuimos Tomas. Conocemos las cápsulas de entrenamiento. Aunque también conocemos a la gente del lugar y sabemos que los Tomas han estado explotándolos. Soy sudafricano. Hace mucho tiempo que me cansé de la explotación —sonrió—. Casualmente, mi profesión es la música. Así que, les guste o no, aquellos que quieren unirse a la resistencia han de acceder a cantar.

—Su nombre... Robert... —dijo Amy, mientras descendían una pendiente—. En el museo, la señora Thembeka nos preguntó si era Robert quien nos había enviado.

—Winifred y yo somos viejos amigos —explicó el profesor.

A su espalda, se oyeron varios gritos. Dan se volvió. Los Tomas estaban saliendo a toda velocidad del edificio y bajaban la colina como auténticos rayos.

Amy entró en pánico.

—¡Esconde la caja! —exclamó.

—¡Marchaos! —gritó Bhekisisa.

El grupo se mantuvo unido, saltando sobre arbustos y caminando con dificultad por el barro. Dan sujetaba fuertemente la caja. No había tiempo para esconderla. No había tiempo para pensar.

Los superaban en número totalmente.

—Dan —dijo Amy, que corría a su lado—, ¡tenemos que entregársela!

—¿Estás loca? —respondió Dan.

—¡Es suya, Dan! —insistió Amy—. ¡Se la hemos robado! No es como las otras pistas. Ésta se la hemos robado a ellos. Esto nos pone a su mismo nivel.

—¡Apresuraos, niños! —gritó el profesor Bardsley.

Amy y Kurt echaron a correr entre los árboles. Dan siguió detrás de ellos, mirando a ambos lados.

Mondli les había dicho que allí se colocaban trampas de caza. Pero ¿qué tipo de trampas? ¿Cepos? ¿Jaulas suspendidas? Y además, ¿dónde estaban?

«El mapa.»

Dan se paró en seco, abrió su mochila y sacó un papel enroscado.

—¡Chicos! ¡Deteneos ahora mismo!

Amy y Kurt dieron media vuelta al escuchar la voz de Dan, que corría hacia ellos, con la cara roja.

—¿Hemos logrado despistarlos? —preguntó el profesor Bardsley.

—¡Usted dígale a su gente que deje de correr! —insistió Dan.

El profesor Bardsley llamó a los demás, que se fueron volviendo llenos de curiosidad.

Justo delante de ellos, podía verse entre los árboles un enorme claro con hierba.

—Tenemos que mantenernos alejados de ese claro a toda

costa —explicó Dan, pasando por delante de ellos hasta llegar al borde de la línea de árboles.

Los otros se reunieron detrás de él, observando el soleado campo oval.

—Puede que os parezca una locura —prosiguió Dan—, pero confiad en mí. Tenemos que bordearlo hasta llegar al otro lado.

Los estudiantes, incrédulos, siguieron su camino alrededor del claro en dirección al lado opuesto. Se escondieron detrás de los arbustos, cubiertos por las copas de los árboles.

—¿Qué está pasando? —preguntó Amy.

Dan tenía esa mirada concentrada e intensa, aquella que en la vida normal solía decir «estoy esperando a ver si Mindy Bluhdorn se da cuenta de que he puesto chicle en su pelo». Aunque ahora mismo podría significar cualquier cosa.

—¡Escuchadme todos, por favor! —exclamó—. Los Tomas vienen hacia aquí desde la izquierda, desde el norte. Están atravesando el bosque. Haced mucho ruido... ¡vamos!

—¿Es esto una estrategia? —preguntó el profesor Bardsley.

—¡Simplemente hacedlo, por favor! —insistió el muchacho.

Amy miró a Nella, que se había quedado pálida.

Uno a uno, a regañadientes, se dispusieron a hacer lo que Dan les acababa de pedir. Gritaron, cantaron y golpearon árboles con ramas caídas.

Entonces Amy oyó pasos y voces. Los Tomas estaban atravesando el bosque.

—¡Vamos, Dan! ¡No podemos quedarnos aquí, de brazos cruzados! —gritó Amy.

Los primeros Tomas aparecieron por entre los árboles. Entre ellos se encontraba el señor Malusi. Kurt se colocó delante de Amy y la fue desplazando hacia atrás.

—Vaya, vaya —dijo el señor Malusi, con una expresión de dolor en el rostro—. Daniel y Amy Cahill, deduzco. ¿No es así? Debería haberlo sabido. No parecíais astillas del tronco Holt. La jugarreta ha estado bien. Ahora todo lo que tenéis que hacer es devolvernos la caja.

Poco después, la parte de arriba del claro estaba llena de boxeadores, espadachines y guardias. El complejo Tomas al completo comenzaba a acercarse hacia los estudiantes del profesor Bardsley, hasta pararse justo al borde del claro.

—¡No puedo creerlo! —susurró Dan—. Se suponía que no iba a ser así...

—¿El qué? ¿Nuestra muerte? —preguntó Nella.

—Que se quedasen ahí en el borde y no atravesasen el claro. —Entonces Dan se volvió y gritó—: ¡Poneos a cantar! ¡Extendeos hacia los flancos!

—¿Perdona? —dijo el profesor Bardsley.

—Es esa canción que dice «*I'm with you and you're with me...*» —explicó Dan—. ¡Necesitamos que echen a correr hacia el claro!

Los estudiantes intercambiaron miradas confundidas, pero Kurt dio un paso hacia delante y con una voz profunda y resonante, comenzó a cantar:

«*I'm with you and you're with me, and so we are all together, so we are all together, so we are all together...*».

Los hombres y las mujeres cruzaron los brazos por encima del pecho, dándose las manos con los cantantes que tenían a cada lado, formando una cadena humana. Sus voces se elevaron hasta los árboles. Mientras cantaban, comenzaron a extenderse hacia la derecha al ritmo de la música, a lo largo del perímetro del claro.

«*Sing with me, I'll sing with you, and so we will sing together, as we march along! We are marching to Pretoria, Pretoria, Pretoria...*»

Los Tomas se detuvieron en seco, mirándose con inquietud los unos a los otros. Amy no tenía ni idea de qué tenía su hermano en mente, pero también ella estaba cantando.

—Eso es —dijo Dan en voz baja al profesor Bardsley—. Rodeadlos por los dos lados.

Bardsley miró a Dan como si éste hubiera perdido la cabeza. Entonces una repentina sonrisa le cruzó la cara.

—Eres un estudioso de Shaka...

Dan asintió.

—Los cuernos del búfalo: algunos nos quedaremos en este lado formando el cuerpo, y los otros...

Los estudiantes siguieron extendiéndose alrededor del claro, entre los árboles, cantando y rodeando a los Tomas como un gran puño.

El señor Malusi miró a ambos lados con una sonrisa confusa y entusiasmada al mismo tiempo.

Los Tomas, por su parte, iban reorientando sus cuerpos, reculando y amontonándose... y lentamente estaban acercándose al claro.

—No estoy de humor para un interludio musical —protestó el señor Malusi—. Y tampoco estoy de humor para atacar a unos niños estúpidos. Sin embargo, ya habéis visto qué tipo de entrenamiento practicamos. Y si no me entregáiss esa caja inmediatamente, ¡imaginad lo que puede pasar!

La gente del profesor Bardsley estaba cerrando el círculo, codo con codo. Alrededor del señor Malusi, los Tomas se amontonaban hacia el interior, esperando órdenes.

Dan respiró hondo y sujetó la caja con fuerza.

—Sobre mi cadáver —respondió.

El señor Malusi se encogió de hombros.

—Muy bien. Tomas... ¡atacad!

CAPÍTULO 24

—¡YEEEEAAAAAAAAAHHH!

Las fuertes voces se expandieron por el claro, sedientas de sangre. Amy temblaba detrás de Kurt. Ya nadie cantaba.

Y de repente, nada. Se hizo el silencio.

Dan sintió que le temblaban los brazos. Tenía las puntas de los dedos entumecidas de tanto apretar la caja, que aún sostenía. Los estudiantes del señor Bardsley se reunieron alrededor del claro para mirar hacia abajo.

Los Tomas habían... desaparecido.

Por lo visto, era cierto lo de las trampas.

Dan seguía temblando.

—No puedo creer que haya funcionado... —murmuró.

Donde antes había existido un prado de hierba, ahora había un enorme agujero de al menos tres metros de profundidad, que se extendía, más o menos, por toda la circunferencia del claro. Y en el fondo, entre el montón de quejicosos y amoratados héroes Tomas, el señor Malusi yacía aturdido.

—Dan, ¿qué acabas de hacer? —preguntó Amy, que tiraba de él desde detrás.

Azorado, Dan sacó el rollo del mapa.

—El señor Mondli nos dio esto. Es un mapa topográfico en

el que esta monumental trampa aparece señalada. No sé qué cazan con ella, tal vez rinocerontes.

El profesor Bardsley estaba limpiándose la frente con un pañuelo.

—Brillante, muchacho. ¡No sé si lo habríamos conseguido sin ti!

—Sin Shaka —corrigió Dan.

«Mueve el cuerpo hacia delante, después forma los cuernos saliendo por los lados. Estruja a tu enemigo.»

—La formación «cuerno de búfalo» funcionaba en el campo de batalla —prosiguió Dan—. Es una técnica que aún se emplea en las guerras. Estos tipos no se dirigían a donde nosotros queríamos, así que necesitábamos que se moviesen. Y se me ocurrió que podríamos... aprender de la historia, supongo.

—Espera —dijo Nella—. ¿Es el verdadero Dan Cahill el que habla?

Los Tomas yacían tirados ahí abajo en el enorme hoyo, protestando, discutiendo y tratando de trepar por unas paredes casi verticales. Los estudiantes se quedaron en el borde y comenzaron a cantar otra canción en un idioma distinto. El profesor Bardsley sonrió.

—Francés —explicó—. «*Mon coeur se recommande à vous*», de Orlando di Lasso. Una de las favoritas de vuestra abuela. Y también de las mías.

—La caja, Dan —susurró Amy—. ¡Abre la caja!

Dan trató de arrancar la tapa, pero aún había trozos de la planta con forma de cactus incrustados en el hueco.

—Déjame intentarlo —sugirió Amy, que se puso a golpear la caja. La abrió y varios trozos de raíces se desparramaron. En el interior todavía había más raíces que se habían desarrollado hacia dentro a través de la abertura.

—Vaya —dijo Dan—, esto parece una lata de atún.

Kurt sacó una navaja de bolsillo.

—Tal vez necesitéis esto —les ofreció.

Amy clavó el cuchillo en las raíces, y las fue haciendo pedacitos.

—Aquí hay algo —murmuró.

—Sí, cactus aprisionado —respondió Dan.

—No es cactus —sonrió Kurt—. Es *umhlaba*, también conocida como *inhlaba*, una planta medicinal. Vosotros lo llamáis «aloe». Ayuda a curar muchas enfermedades. Éste es uno de los pocos lugares del mundo en el que se encuentra.

—¡Mira, Dan! —Amy sostenía una delicada pieza de joyería que había extraído del interior de la caja, un brazalete con gemas que atrapaban los rayos del sol, reflejándola en marcados puntitos de luz. Soltó la caja y mostró la pieza para que todos pudieran verla bien.

Un adorno brillante destacaba la palabra Shaka.

—¿Me permites? —El profesor Bardsley sujetó el brazalete a contraluz, sacó una pequeña cuchilla de su bolsillo y rascó una de las piedras.

—Dios mío, son diamantes. ¿Sabéis cuánto puede valer esto?

Dan lo recogió y pasó los dedos por las lisas y frías piedras. Recordó las palabras del anciano en el Museo Shaka de Durban:

«Churchill estaba obsesionado con Shaka, por eso viajó hasta Sudáfrica. No lo hizo para informar ni para luchar, sino para descubrir los misterios del *isipho*».

—Eh, chicos... ¿a alguno de vosotros le suena la palabra *isipho*?

—Es una palabra zulú —respondió el profesor Bardsley—. Significa «don».

El cerebro de Dan comenzó a dar vueltas. Churchill había ido allí con una misión. Estaba obsesionado con la pista Tomas. Había sido encarcelado y se había escondido en una mina... sin que nada consiguiese detenerlo. Mientras los demás caminaban por delante, Dan les murmuró algo a Amy y a Nella:

—En esta nota, Churchill afirmaba que quería aquello que estaba «en el suelo con Shaka»... Además, ¿recordáis lo que dijo el tipo del museo? ¡Lo que buscaba era el *isipho*! ¡Ésa es la pista Tomas, Amy!

El diamante, la sustancia más mágica. Materia orgánica: plantas, árboles, restos de animales... comprimidos por el tiempo y por el peso de la tierra sobre el elemento más duro y brillante jamás conocido.

Sujetó el brazalete contra el sol, entre las sombras de los árboles. Quién sabía cuánto tiempo llevaban escondidos esos diamantes... Aun así, seguían reflejando la luz del sol con un resplandor casi cegador.

—Deberíamos haberlo adivinado —opinó Amy, recogiendo la pulsera—. Las guerras, el apartheid... Todo se debió a los diamantes del suelo.

—No había nadie que no los desease y todo el mundo estaba dispuesto a matar para conseguirlos... —añadió Dan—. Me recuerda mucho al secreto de las 39 pistas.

—¡Pagaréis por esto! —gritó la voz del señor Malusi desde el interior del pozo—. ¡Habéis suplantado identidades y nos habéis robado nuestras posesiones!

Amy sintió deseos de lanzarle algo, pero contó hasta diez y apretó los dientes, sujetando con fuerza el brazalete. Arrebatárselo a Malusi sería la venganza perfecta. Entonces se dio cuenta de algo: no estaba segura de si legalmente aquello pertenecía a los Tomas, pero lo que estaba claro era que tampoco era suyo.

Amy dio un paso hacia delante y Kurt la siguió, pero ella le hizo un gesto para indicarle que no se moviera.

—Ah, por cierto, con respecto al escudo que robasteis en el museo de Durban...

El señor Malusi la miró en silencio.

—Tal vez los Tomas aún crean que un favor merece ser correspondido —explicó suavemente.

La pulsera era preciosa y tenía un gran valor. Sin embargo, la búsqueda estaba relacionada con el conocimiento y no con la posesión. Miró el brazalete por última vez y después lo lanzó al agujero.

—Amy, ¡¿qué acabas de hacer?! —gritó Dan.

Nella gimió.

—¡Eso podría haber pagado la deuda de mi tarjeta de crédito!

A sus pies, los Tomas comenzaron a echarse unos encima de otros, luchando por conseguir los preciados diamantes. El señor Malusi se vio rápidamente sepultado por un mar de brazos codiciosos.

—¡Deteneos! ¡Parad: es una orden! —gritó.

Entre sonidos de golpes y peleas, Amy dio media vuelta y se marchó.

CAPÍTULO 25

Karachi.

Aquel nombre llevaba varios días en la mente de Amy, aunque ahora estuviera medio olvidado en un rincón, sepultado por otros pensamientos relacionados con un rostro sonriente y una voz que le ponían la piel de gallina.

En Sidney, cuando Amy había estado a punto de ser pasto de los tiburones, Isabel Kabra había enumerado los lugares a los que Dan y Amy habían ido. Por alguna razón, incluyó una ciudad en la que ellos nunca habían estado: Karachi, en Pakistán.

Amy tenía que hacerse a la idea de que su misión en Sudáfrica había finalizado. Prolongarlo demasiado no sería más que un error. Los Holt seguían allí, y estaban enfadados. Sin embargo, eso no les facilitaba la partida.

—Estaremos en contacto —había sugerido Kurt, antes de que se marchasen—. Espero que volvamos a vernos.

Amy también lo deseaba. Aunque sabía que iba a ser difícil, ya que su vida cambiaba constantemente.

—«El embarque para el vuelo 796 con destino a Karachi se iniciará en diez minutos» —anunció una voz por toda la terminal.

—Tenemos que irnos —presionó Dan.

Amy abrazó al profesor Bardsley.

—Gracias por su ayuda.

—Sí, y por la música que me ha pasado —añadió Nella, poco entusiasmada—. No veo la hora de escuchar estas canciones religiosas renacentistas.

—Supongo que no puedo convenceros para que os quedéis —dijo el profesor Bardsley.

—Lo siento —respondió Amy, entristecida. El profesor había sido amable con ellos. Había conducido el Yugo durante todo el camino de vuelta desde Johannesburgo, lo que había posibilitado que Nella, Dan y Amy se echasen una siesta. Además había buscado comida para *Saladin* y les había ayudado a reservar los vuelos que después se ofreció a pagar—. Sabemos lo que siente sobre las 39 pistas, profesor Bardsley, pero tenemos que continuar. Nos han propuesto un desafío y tenemos que continuar con él.

—Esta Grace... —murmuró. Después, arrugó la cara y les guiñó un ojo.

Amy no se esperaba esa respuesta.

—¿Grace...?

—Era una mujer extraordinaria, adorable y generosa —confesó el profesor Bardsley.

—¿La conocía? —preguntó Amy.

—¿O es que conocía a toda Sudáfrica? —añadió Dan.

El profesor asintió, con una sonrisa en los labios.

—Grace tenía muchos amigos aquí. ¿Te sorprende?

Amy rió. La historia entre Bardsley, las 39 pistas y los Tomas era muy larga. Conocía a Winifred Thembeka, así que tenía sentido que también conociese a Grace.

—¿Podemos seguir en contacto, profesor?

—Eso espero —respondió éste.

Ella, Dan y Nella se dirigieron a la cola del control de pasaportes. Era más rápida de lo que esperaban. Tras pasar por el escáner, siguieron la señal hacia las puertas de embarque, pero un hombre con bigote les señaló un carro eléctrico.

—Por aquí, por favor —dijo.

—No, gracias —respondió Amy—. Preferimos caminar.

El hombre se acercó más.

—Por aquí.

—Dale algo de *baksheesh* y dile que se marche —murmuró Dan.

—Te has equivocado de país, amigo —respondió Nella.

El hombre se interpuso rápidamente en el camino de Dan. Tenía un pequeño cuchillo en la mano derecha.

—¿Qué narices...? —Dan miró a su alrededor frenéticamente.

A su espalda, Nella suspiró.

—Será mejor que hagamos lo que nos dice. Vamos.

Amy temblaba. Ella y su hermano subieron a los asientos traseros del carro mientras Nella se sentaba en el del pasajero. El hombre se alejó de las puertas, salió por la parte de atrás y atravesó una zona asfaltada. Pequeñas avionetas zumbaban por encima de ellos y varios vehículos de transporte de mercancías se cruzaron en su camino.

Poco después, desaparecieron a la vuelta de la esquina de un hangar. Si no hubiera nadie a la vista, podrían echar a correr.

Dan hizo una señal a su hermana. Ella lo miró y asintió con mucho disimulo. El conductor dio un volantazo para rodear el edificio.

De repente, Dan sintió que una bolsa le cubría la cabeza.

—¡Eh! —gritó.

Amy y Nella gritaron. Dan trató de levantarse, pero alguien lo mantenía agarrado por los brazos. Sintió una gruesa cuerda alrededor de las muñecas y una mordaza en la boca.

Entonces, alguien lo empujó desde detrás. Caminaban sobre el asfalto. Una ráfaga de viento levantó el faldón de su camisa mientras pasaba un avión que volaba a poca altura.

Sintió que lo arrojaban a través de una puerta. Después, dos manos lo obligaron a sentarse en una silla. A su lado, oyó a Amy y a Nella que gruñían amordazadas.

—Uno, dos y tres... Ya están todos. —Aquella voz le sentó a Dan como un chorro de ácido que le recorriera la espalda—. Tratemos el tema civilizadamente, ¿os parece bien?

Le habían quitado la bolsa de la cabeza, así que tenía los ojos clavados en el rostro de Isabel Kabra.

—Diamante —dijo la señora Kabra, limándose las uñas. Llevaba un peinado tan artificial que la hacía parecer fuera de lugar—. Habéis venido a Sudáfrica para descubrir que la pista era el diamante. ¿No os parecen inteligentes, niños?

—Espero que no haya sido demasiado... duro para vosotros —respondió Natalie, riéndose por lo bajo.

—Es una pena que hayáis tenido que hacer un esfuerzo tan grande —continuó Ian—, cuando nosotros os lo podríamos haber dicho sin ninguna molestia.

El hombre del bigote se agachó detrás de Amy, Dan y Nella para atarles las piernas a la silla. Isabel, Ian y Natalie los miraban de frente desde el otro lado del cobertizo de almacenamiento. Los estantes estaban abarrotados de latas, cajas, herramientas y piezas. Tras la cabeza de Ian asomaba una gigantesca hélice dentada colocada sobre una máquina con una correa de ventilador.

Amy mantuvo la compostura. Isabel sabía lo de la pista. De alguna manera los había estado vigilando, pero la señora Kabra ya no era capaz de sorprenderla. Ya no le tenía miedo. Llegado este punto, sólo deseaba una cosa: atraparla.

—¿Cómo lo sabíais? —preguntó Dan—. ¡Se trataba de una pista Tomas!

—Churchill era un Lucian, querido —respondió Isabel, con una risotada—. Encontró la pista Tomas hace cien años. ¿Realmente pensabais que no lo sabríamos?

—Exactamente —interrumpió Ian—. Bien dicho, madre.

Ella le lanzó una mirada fulminante y él cerró el pico.

—Entonces... Si ya la conocíais, ¿qué hacemos aquí? —quiso saber Nella.

—Os añoraba, queridos míos —respondió Isabel—. Desde aquel horrible y breve cara a cara que tuvimos Amy y yo con los tiburones, del que me quiero disculpar encarecidamente, he experimentado un renacer. Estaba preocupada por vuestra salud.

—¡Pues no lo demostraste mucho al incendiar aquella casa, animal! —exclamó Amy.

Dan la miró; tenía la cara petrificada del miedo.

Isabel movió la cabeza, fingiendo tristeza.

—Animal. Ésa es una palabra un poco fuerte para quien asesinó a Irina Spasky.

—¿Quién? ¿Yo? ¡Fuiste tú quien la mataste! —gritó la joven.

—¿En serio? Vaya... pues los periódicos dicen otra cosa —respondió Isabel—. ¿No es así, niños?

—Exactamente —confirmó Ian.

—¿Es que sólo sabes decir eso? —le regañó su madre, volviendo en seguida su atención a Amy y a Dan—. Ya sabéis que ser fugitivos internacionales no es fácil. La gente suele tratar de meteros en la cárcel. Y eso no os gustaría. Aunque supongo que lo lleváis en los genes. Después de todo, el señor y la señora Nudelman eran unos maestros.

A Amy se le encogió el estómago.

—¡Otra mentira!

—Menudo drama —prosiguió Isabel, con una sonrisa en los labios—. ¡Veo que reconocéis el nombre!

—¿Qué quieres de nosotros? —preguntó Amy.

Isabel se inclinó hacia delante.

—Sé lo que piensas de mí y no te culpo por ello. Sin embargo, necesito un par de mentes jóvenes. Y vosotros, queridos, necesitáis algo más importante. —Se encogió de hombros—. Una familia.

Dan la miró incrédulo.

—¿Quieres adoptarnos?

—¿Os gustaría ver una muestra de mis buenas intenciones? —Isabel buscó en el interior de su mochila y sacó un vial con un líquido verde—. *Voilà!*

—¡Tus hijos nos robaron eso! —exclamó Amy—. ¡En París!

—Y yo estoy dispuesta a compartirlo con vosotros —ofreció la mujer—. No tenéis ni idea de lo importante que es esto para la búsqueda de las 39 pistas. Con él, estaréis codo con codo con el equipo ganador. Pensadlo bien. Os introduciremos en la familia Kabra. Nos cederéis vuestras habilidades y conocimientos. Seréis como hermanos para Ian y Natalie.

Natalie palideció.

—¡Perdona! Unos primos lejanos pobres... tal vez.

Amy tuvo que emplear toda su fuerza para contener las carcajadas. La señora Kabra tramaba algo, porque si estaba hablando en serio, entonces es que estaba realmente loca.

Cruzó su mirada con la de Isabel. Sus ojos eran fríos e insensibles como los de un lagarto. Pero por primera vez, a pesar de lo indefensa que se sentía, Amy no tenía miedo. ¿Formar parte de la familia Kabra? Preferiría cien veces morir.

—¿Amy? —la llamó Isabel, con una sonrisa magnánima—. Entiendo que probablemente necesitéis un momento para asumir esta extraordinaria oportunidad...

Amy también le mostró una sonrisa.

—La verdad es que no necesito ni un segundo —dijo con dulzura—. ¡Olvídalo!

Isabel retrocedió. Nella soltó una carcajada.

—¡Amy! —gritó Dan.

—Que así sea —respondió la mujer—. Hay quien disfruta complicando las cosas. —Le entregó el frasco a su hijo—. ¿Ian?

Ian se acercó inseguro. Colocó el vial en un estante justo detrás de la hélice. Se detuvo un momento, como si estuviera tratando de decidir algo y después pulsó un interruptor que había en la pared.

La hélice comenzó a girar. Al principio emitió un zumbido bajo que después se fue transformando en rugido. Estaba a tan sólo un metro de distancia del suelo y el viento que originaba desparramó los papeles por todas partes.

Isabel señaló el vial verde.

—¡Uno a uno! ¡Venid a buscarlo! —gritó.

El hombre del bigote sujetó el respaldo de la silla de Dan y la inclinó hacia la hélice giratoria. Después, comenzó a empujarla.

CAPÍTULO 26

—¡Noooo! —gritó Amy desde detrás de Dan.

Dan intentó librarse de las cuerdas. El ruido de la hélice se le metía por los oídos, y la veía como un borrón plateado. Las cuchillas estaban cada vez más cerca. Podía oler el olor a quemado del motor y el aceite.

Las cuerdas estaban demasiado apretadas.

Dan tiró de su cuerpo, tratando de inclinar la silla.

Ian Kabra observaba incómodo a Dan y la hélice.

Ahora la cuchilla estaba a pocos centímetros del cuello del muchacho. Se echó hacia atrás y cerró los ojos. Parecía que su alma estuviera a punto de abandonarlo. Oyó un grito. No sabía si realmente lo había emitido él o no, pero sintió que su silla se inclinaba y que su cabeza golpeaba contra algo con fuerza.

—¡Atrapadla! —ordenó una voz.

Isabel.

Dan abrió los ojos y vio a Amy corriendo a toda velocidad por la habitación, aún atada a su silla, dándole cabezazos a Isabel Kabra.

De repente, sintió que se desplazaba hacia atrás.

—¡Dan! ¿Puedes oírme, muchacho? —preguntó una voz profunda.

—Ay... —De repente sus manos estaban libres. Tambaleándose, se puso de pie. Al otro lado de la habitación, Amy estaba encima de Isabel y la inmovilizaba contra el suelo.

Una mano lo empujó hasta la puerta.

—Ve. No debemos perder tiempo. Gira a la izquierda y sigue hasta el hangar número tres. Nos vemos allí.

El profesor Bardsley lo empujó para que se marchase. Tres de sus estudiantes peleaban contra los Kabra mientras desataban a Nella y a Amy. La hélice se detenía.

Dan se palpó el cuello, para estar seguro. Después corrió a buscar a su hermana.

—¡Vamos!

Corrieron hasta la puerta, con Nella detrás de ellos. Isabel temblaba; su voz atravesó el estruendo de las cuchillas, que ya se estaban deteniendo.

—¡ESTO ES UNA INJUSTICIA!

Mientras Amy y Natalie salían disparadas, Dan volvió a buscar a *Saladin*. Después corrió hacia el otro lado de la hélice y cogió el frasco de líquido verde de la estantería.

Abandonó corriendo la habitación y se metió el vial en el bolsillo.

Alcanzó a Amy y a Nella justo en la entrada del hangar número tres. La puerta abierta revelaba un avión a propulsión oculto bajo una gruesa tela.

—¿Estás bien? —preguntó Amy—. Oh, Dios... Dan, pensé que ibas a... —Se tragó el resto del pensamiento.

—Ha sido increíble lo que le has hecho a Isabel —respondió el joven.

El profesor Bardsley corría ahora hacia ellos.

—Chicos, nos vamos —dijo, sin aliento—. No podéis permanecer más tiempo en Sudáfrica. Nosotros entretendremos a los Kabra, pero no podemos detenerlos. Además, ellos no son los únicos... —añadió, mirando por encima de su hombro.

—¿Hay alguien más? ¿Quién? —preguntó Dan.

El profesor Bardsley entró en el hangar y gritó:

—¡Hola!

Dos trabajadores uniformados acudieron corriendo.

—¿Tienen vía libre de despegue, profesor? —demandó uno de ellos.

—Conseguídmela cuanto antes, por favor —respondió él.

El hombre echó a correr mientras el otro trabajador ayudaba al profesor Bardsley a sacar la lona del avión.

La nave tenía los costados amarillos, con un ribete rojo y unas letras cursis que decían: *Lémur Volador*.

—¡Es el avión de Grace! —exclamó Amy.

—Grace me enseñó a volar —dijo el profesor Bardsley—. Cuando supo que iba a morir, me dio permiso para mantener a esta vieja muchacha en funcionamiento. Bueno, saquémosla de paseo, ¿os parece?

Amy corrió hacia el otro lado y saltó al asiento del copiloto, en la cabina.

—¡Eh! Yo quiero sentarme ahí —protestó Dan.

—Lo siento, chico, tendrías que haberte dado más prisa —dijo Nella, acomodándose en la parte de atrás.

El profesor Bardsley encendió el motor. Las hélices comenzaron a girar.

—¡Ahora! —gritó el trabajador del aeropuerto—. ¡Tienes luz verde!

—¿Te dejan colarte por delante de todos, así sin más? —preguntó Nella.

El profesor Bardsley sonrió.

—No preguntes. ¡Sube, Dan!

Nella tiró de Dan y lo acercó hasta el asiento trasero. Él se sentó a su lado, enfurecido.

—¿De verdad creéis que no soy lo suficientemente rápido? —preguntó—. ¿No os habéis parado a pensar que yo estaba sujetando a *Saladin* y que tal vez haya sido injusto que Amy echase a correr así?

—Miau —añadió *Saladin*, apoyándolo.

Nella se encogió de hombros.

—¿Preferirías haber pasado media hora jugando a piedra, papel, tijera?

—Ya, claro. Tú ponte de su parte. —Dan se cruzó de brazos y se echó hacia atrás mientras Amy se acomodaba en su asiento.

—¿Adónde nos llevas, amigo? —preguntó la niñera.

—Lo más probable es que él espere que aterricemos en Suazilandia —respondió el profesor Bardsley.

—¿Él? —volvió a preguntar Nella.

—Ellos —aclaró rápidamente el profesor—. Cualquiera que pueda estar persiguiéndonos. Así que os llevaré a Mozambique, desde donde podréis volar a Alemania. Allí, os buscaré transporte a... dondequiera que necesitéis ir después.

El avión salió del hangar y se dirigió a la pista de despegue, con las hélices zumbando.

—¿Por qué hace esto por nosotros, profesor Bardsley? —preguntó Amy—. ¿Qué está pasando?

—Porque ya habéis concluido vuestro trabajo aquí —respondió él—. Porque habéis encontrado una pista. Porque, aunque yo no forme parte de esto, respeto que estéis cumpliendo la petición de vuestra abuela.

—¿Cómo conoció a Grace? —quiso saber Amy—. ¿Sabe a qué rama pertenecía ella?

Cuando el profesor tiró del acelerador, el ruido se volvió ensordecedor.

—¿Qué? —preguntó.

El avión dio bandazos hacia delante.

—¡Genial! —exclamó Nella.

Desde el asiento trasero, Dan se inclinó hacia Amy.

—¿En serio crees que soy lento? Porque si lo soy, ¿cómo es posible que haya sido el único en acordarse de coger esto?

Entonces le puso algo delante de la cara. El frasco verde de los Kabra.

—¡Dan, siéntate bien y ponte el cinturón! —exclamó Amy, volviéndose hacia él. El vial salió despedido de la mano de Dan y dio dos vueltas en el aire. El muchacho agitó los brazos de un lado a otro, pero sólo consiguió que el frasco chocase contra una de las paredes del avión.

Se hizo añicos y un chorro de líquido verde salpicó el brazo de Dan y el asiento que había a su lado.

—¡Aaaay! —gritó Dan—. ¡Amy, no puedo creer que hayas hecho eso!

Amy suspiró.

—No es el verdadero, Dan.

La gota que cayó sobre el asiento agujereó la tela.

—Oye, Dan —dijo Nella, alzando la voz para que se le oyese por encima del ruido del motor—. ¿Qué habías dicho que era eso?

Dan sintió como si un puñado de escorpiones hubiese caído desde el cielo a su brazo.

—¡Ay! —gimió—. ¡Cómo escuece!

El avión se encontraba ya en el aire. Amy miró al profesor Bardsley por el espejo retrovisor.

—¿De qué color habíais dicho que era el suero? —preguntó.

—Verde lima. Santo cielo, está quemando el asiento.

Al profesor se le pusieron los ojos como platos.

—¡Eso no es suero! ¡Es un veneno de acción lenta! Los Kabra lo utilizaron contra uno de mis hombres. ¡Pronto empezará a erosionar la piel y con el tiempo alcanzará el sistema nervioso! —Sus manos comenzaron a moverse apresuradamente por todo el panel, encendiendo interruptores y marcando números—. ¡Necesito que alguien se haga cargo del avión!

Nella se inclinó hacia delante.

—¡Yo lo haré! ¡Puedo llevarlo!

El profesor se apresuró a intercambiar su lugar con Nella, para lo que tuvo que obligar a *Saladin* a saltar al suelo. El gato le bufó. El anciano buscó detrás del asiento y sacó una lata etiquetada como Umhlaba.

El dolor se estaba extendiendo. Dan sintió que su cuerpo entero vibraba. Apretó los dientes. «No pienses en ello, no pienses en ello, no pienses en ello, no pienses en ello...»

—¿Qué es eso? —preguntó.

—Concentrado de aloe —respondió el profesor Bardsley—. Ralentizará la acción del veneno hasta que lleguemos a un hospital en Mozambique. Nos llevará un par de horas, pero no debería haber ningún problema. Supongo que allí dispondrán del antídoto adecuado.

—¡¿Lo supone?! —gritó Amy, con el rostro blanco como la nieve—. ¡No puede permitir que los Kabra lo maten!

El profesor Bardsley asintió, arqueando las cejas.

Empapó un pañuelo y lo aplicó sobre el brazo de Dan. Era como agua congelada que calmase un fuego. El cuerpo de Dan comenzó a calmarse, pero aún no era suficiente.

—¡Más! —gritó él—. ¡Más!

El profesor Bardsley extendió el ungüento con más rapidez.

—¿No hay nada más en el avión de Grace? —preguntó Amy—. ¡Tal vez tuviera algún antídoto por aquí!

Bardsley miró de repente a Amy.

—Pero ¿en qué estoy pensando? Conozco un lugar donde podemos conseguir el antídoto. ¡Aunque necesitaremos cambiar de rumbo y partir hacia Madagascar!

—¡Yo me encargo! —Nella comenzó a pulsar botones con confianza. El avión viró hacia la derecha.

—¡Miau! —dijo *Saladin*, deslizándose por el suelo.

—¿Qué hay en Madagascar? —preguntó Amy. A través de sus ojos llorosos, Dan sólo pudo ver las venas del cuello de su hermana, que parecían las raíces de un árbol...

El profesor Bardsley comenzó a colocarle un torniquete en el brazo. Aquello le hizo sentirse mejor, pero el dolor empezaba a cambiar. Ahora subía en ondas por el cuello y le bajaba por las piernas, como un yoyó de tortura medieval.

A Dan, la voz del profesor le sonaba como una emisora de radio que de vez en cuando se desvanecía.

—¡Nos dirigimos al hogar africano de tu abuela! —informó.

CAPÍTULO 27

—¿Dan? —dijo Amy, arrastrando a su hermano por un sendero lleno de maleza, con enredaderas, raíces y alguna otra cosa más—. ¡Dan, no te duermas!

El muchacho no paraba de quejarse. Su cuerpo se deterioraba rápidamente.

Amy apenas se dio cuenta de la entrada. El «hogar africano de Grace» era diminuto, poco más que un montón de rocas y tierra, una cueva con el tradicional suelo de madera tallada hecho a medida.

—No entraremos en su oficina de trabajo —anunció el profesor Bardsley—. Hay una pequeña casa en la parte de atrás, donde vivía mientras estaba aquí. Yo tengo una tarjeta... que nos permitirá acceder a ella...

El profesor Bardsley estaba agitado. Había aterrizado el avión con mucho cuidado, pero había tomado una curva muy cerrada en el trayecto por tierra hasta la puerta de salida, y había roto una ala. Estaba perdiendo el control, Amy podía notarlo.

«No pierdas los papeles —pensó—. ¡Tienes que salvar a mi hermano!»

Dan se apoyaba en Nella y Amy, pues ya no podía caminar.

—Vas a ponerte bien —lo animó Amy.

«Sola.» La palabra se abría camino en la mente de la joven.

Durante toda su vida, se había sentido como una parte, una mitad. Nunca había sido sólo Amy. Eran Dan y Amy. Como una palabra sola.

«DanyAmy, AmyyDan.»

—¡Hemos llegado! —dijo ella, deteniéndose ante una pequeña casa de guijarros que tenía las contraventanas cerradas. El profesor rebuscó entre sus llaves, tratando de abrir la puerta. Dan comenzaba a temblar de nuevo. Tenía los brazos atrapados en torniquetes blancos empapados de *umhlaba*, pero su rostro estaba comenzando a amarillearse.

Nella tenía los brazos alrededor del chico.

—¡Le va a dar un shock tóxico! —exclamó Amy—. ¡Dese prisa!

Con un fuerte «clac», el profesor Bardsley abrió la puerta principal.

—¡Sentadlo! —les ordenó—. Iré a buscar el botiquín.

Nella y Amy cruzaron la puerta con Dan.

Amy no pudo contener los escalofríos. En menos de un segundo, desenterró detalles que había perdido en su memoria: pañitos de encaje en mesitas de té de madera oscura, pocillos colocados como si Grace estuviese a punto de salir de la cocina con té recién hecho, un retrato que Amy había dibujado de su abuela cuando estaba en tercero...

Entre ella y Nella sentaron a Dan en un sofá de damasco.

—¡Ay... ay, ay! —se quejó él.

El profesor Bardsley llegó corriendo con una aguja hipodérmica en la mano.

—¡¿Tiene que inyectárselo?! —gritó Amy.

—Es la única forma de que entre en su torrente sanguíneo rápidamente —respondió él.

Amy miró hacia otro lado, agarrando con firmeza la mano de Dan. Lo sintió agarrotarse durante un momento. Se le oía gemir muy suavemente, era más su respiración que cualquier otro sonido.

Finalmente, vio como su cuerpo se relajaba. Amy pensó que el corazón le iba a dar un vuelco.

—¿Qué está pasando? ¿Está...?

El profesor Bardsley se limpió el sudor de la cara. Las arrugas de su frente eran profundas.

—Ahora sólo nos queda rezar.

—Muchas gracias por todo —respondió Amy.

El profesor sonrió sin ganas.

—Gracias a vosotros. Si hubiera tenido que cambiar el rumbo del avión yo mismo...

La cabeza de Dan se inclinó hacia un lado. Movió la boca, pero no dijo nada.

El profesor puso la mano sobre la frente del muchacho.

—Debo regresar al campo de aviación un momento. La forma en la que he dejado el *Lémur Volador* puede suponer un riesgo para otras aeronaves. No tardaré. En cuanto empiece a sentirse mejor, tendremos que irnos. No podemos quedarnos aquí.

El profesor Bardsley tardaba en regresar más de lo que Amy habría esperado. Nella continuó poniendo vendajes frescos de *umhlaba* en el brazo de Dan, pero al muchacho le llevó bastante tiempo volver a la normalidad. La quemadura era considerable.

—¿A... Amy? —dijo Dan, con una voz áspera y un gesto de dolor en el rostro. La joven corrió a su lado.

—¡Dan! ¡Estás hablando!

—Claro... —respondió él—. La nota de Churchill... la que nos dio la señora Thembeka. ¿Dónde está?

—En el bolsillo de tu pantalón, creo —respondió ella.

—¿Quieres que la coja? —se ofreció Nella.

Dan gimió.

—¿Podrías... ponerme más vendas, por favor?

Cuando Nella desapareció en el baño, Amy continuó explorando la habitación. Trató de contener las lágrimas. Había estado a punto de matar a su hermano. Su enfado había enfurecido a Isabel. Había hecho que Ian empujase a Dan hacia la hélice. Después, en el *Lémur Volador*, había conseguido que su hermano se frustrase hasta el punto de olvidar ser cuidadoso con el veneno...

—¿Dan? —lo llamó—. Siento haber sido tan impulsiva.

Dan sonrió débilmente.

—Me estás salvando la vida —le dijo—. Así que no me importa. Eh, mira el piano.

En un rincón demasiado pequeño, había un piano espineta con un montón de partituras encima. Amy se acercó al piano y tocó algunas teclas, pero desgraciadamente el instrumento estaba desafinado. Recordó la cantidad de horas que solía pasar Grace en su mansión de Massachusetts tocando un piano mucho más bonito y enseñándoles a ellos dos las letras de las canciones de sus musicales de Broadway favoritos.

—¿Aún pensáis que esto se puede comparar con un iPod? —adoraba decirles.

Al lado, había un escritorio de madera con unos diseños elaboradamente tallados que contrastaban con la sobriedad de las líneas del piano. Amy abrió un cajón y dio un salto al ver salir de su interior una araña peluda. Miró por encima del hombro, buscando a su hermano. Él estaba garabateando débilmente en una libreta.

Al cerrar el cajón, la muchacha vio un pequeño cuaderno escondido en lo más profundo. Lo sacó, y frotó las manos contra sus suaves portadas de cuero.

Estaba lleno de la perfecta y pequeña caligrafía de Grace. Era como si Amy estuviese abriendo una carta escrita el día anterior. Cada página estaba cubierta de notas, principalmente de viajes, y contenía postales de varios países entre las páginas.

Amy se detuvo en una hoja que incluía anotaciones de una expedición a China. Grace nunca les había hablado de esa aventura...

He escrito a Deng Xiaoping, que ha aceptado subvencionar la visita de A y H al descubrir que ellos, tal como él, son M.

A y H... A Amy le dio un vuelco el corazón. ¡Podrían ser Arthur y Hope!

—¿Dan? —lo llamó ella.

—¡Amy... mira! —exclamó Dan, que se arrastró hasta su hermana, sujetando una hoja de papel con su mano temblorosa.

—¡Tómatelo con más calma, Hércules! —le regañó Nella.

Dan colocó la nota de Churchill en el escritorio.

—La carta... Mira lo que escribió al final.

—«La línea irrompible entregará el deseo a la carta, si sigue descendiendo, paso a paso» —leyó Amy en voz alta.

—¿Recuerdas lo que pensamos cuando estuvimos reflexionando sobre la línea irrompible? —preguntó Dan, con voz ronca—. Mira... El círculo de Churchill. Está en una letra, la P.

¡Arriba de todo y a la izquierda de todo! Ahora dice «si sigue descendiendo, paso a paso», que es lo que yo no conseguía entender. —Dan hizo un gesto de dolor mientras Nella le ponía esparadrapo alrededor de las vendas—. Pero si vamos bajando desde la primera letra, una a una... ¡Mira!

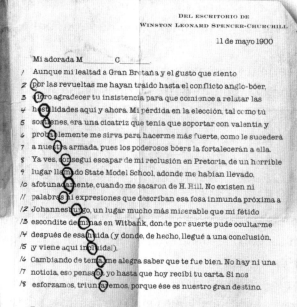

DEL ESCRITORIO DE
WINSTON LEONARD SPENCER-CHURCHILL

11 de mayo 1900

Mi adorada M_____ C_____.

1   Aunque mi lealtad a Gran Bretaña y el gusto que siento
2   por las revueltas me hayan traído hasta el conflicto anglo-bóer,
3   quiero agradecer tu insistencia para que comience a relatar las
4   hostilidades aquí y ahora. Mi pérdida en la elección, tal como tú
5   sostienes, era una cicatriz que tenía que soportar con valentía y
6   probablemente me sirva para hacerme más fuerte, como le sucederá
7   a nuestra armada, pues los poderosos bóers la fortalecerán a ella.
8   Ya ves, conseguí escapar de mi reclusión en Pretoria, de un horrible
9   lugar llamado State Model School, adonde me habían llevado,
10 afotunadamente, cuando me sacaron de H. Hill. No existen ni
11 palabras ni expresiones que describan esa fosa inmunda próxima a
12 Johannesburgo, un lugar mucho más miserable que mi fétido
13 escondite de minas en Witbank, donde por suerte pude ocultarme
14 después de esa huida (y donde, de hecho, llegué a una conclusión,
15 y viene aquí incluida).
16 Cambiando de tema, me alegra saber que te fue bien. No hay ni una
17 noticia, eso pensaba, yo hasta que hoy recibí tu carta. Si nos
18 esforzamos, triunfaremos, porque ése es nuestro gran destino.

Te envío esto,
con todo mi corazón.
Tu Winnie

La línea irrompible entregará
el deseo a la carta, si sigue
descendiendo, paso a paso.

—Nos habla de una conclusión a la que ha llegado y dice que viene aquí incluida —explicó Dan—. La conclusión era la pista, Amy. ¡Estaba oculta en esta carta!

—Pista Tomas *umhlaba* —leyó Amy—. ¡Es increíble!

—¡Vaya! —exclamó Nella—. ¡Estaba convencida de que la pista eran los diamantes! Hasta los Kabra lo dijeron... Chicos, no podéis pasar esto por alto. ¡Aquel mensaje que decía «en el suelo con Shaka» se refería al *umhlaba*!

—¿Qué había en la caja, Nella? —preguntó Amy—. ¿Qué es lo que tuvimos que cortar? ¿Qué era lo que crecía por todas partes?

—¡La pista que nosotros buscábamos me está salvando la vida! —dijo Dan, tocando gentilmente sus vendas impregnadas de aloe.

—Aloe... —dijo Amy—. Lo teníamos delante de las narices. Parece que los Kabra no han conseguido descifrar la letra de Churchill. ¡Tal vez hayamos sido los únicos en hacerlo!

—¡Está claro que sí, mi hermana todopoderosa!

Cansado, Dan se recostó en el sofá.

—Muy bien —dijo, mientras una sonrisa aparecía en su rostro—. Ahora lo único que tenemos que hacer es descubrir el siguiente destino.

Hubo un silencio en la casa.

Amy tenía la mirada clavada en el cuaderno de Grace.

—Eh... Dan —lo llamó—. ¿Qué crees que significa esto? «He escrito a Deng Xiaoping, que ha aceptado subvencionar la visita de A y H al descubrir que ellos, tal como él, son M.»

—Deng... era el presidente de China, o algo así. ¿No? —preguntó Nella.

—A y H... —dijo Dan—. Arthur y Hope... Mamá y papá. ¿Conocieron al presidente de China? Genial. Vayamos ahí ahora mismo.

—Tal vez —dijo Amy—, pero fíjate bien: si Deng accede a reunirse con ellos es porque se entera de que son...

—M —añadió Nella—. ¿Qué será M? ¿Mandarín? Eh, espera...

Dan se levantó y cojeó hasta llegar a una ventana trasera.

—¿Dónde está el profesor Bardsley, chicas?

Un pie tropezó contra la pata del piano, haciendo que se le doblasen las rodillas. Nella se abalanzó a ayudarle. El muchacho había apoyado la mano sobre las teclas, tratando de estabilizarse.

—¡Ay! —exclamó, mientras un horrible sonido se extendía por la habitación.

Amy corrió hacia su hermano, con el libro de Grace aún en la mano.

—¿No puedes estarte quietecito?

—El cuaderno... —dijo Dan, mostrando un gesto de dolor—. Sigue leyendo...

Amy abrió el libro por el final, donde había unas doce páginas en blanco, páginas que Grace habría utilizado de haber tenido más tiempo.

La última página en la que había escrito contenía sólo una entrada.

—Escucha esto —dijo Amy, que empezó a leer en voz alta—. «Hoy me siento melancólica, pienso mucho en mis queridos A y H y los extraño mucho. Ni siquiera puedo soportar escuchar a mi amado Di Lasso, por el recordatorio...»

—¿El recordatorio? —preguntó Nella—. ¿Recordatorio de qué?

Dan tenía la mirada clavada en el piano. Su rostro estaba blanco como la nieve.

—Oh, no... —murmuró.

Amy entró en pánico.

—¡Dan, siéntate! ¡Estás pero que muy enfermo!

—Orlando di Lasso... —murmuró Dan—. Es el tipo en quien es especialista el profesor Bardsley. Adora la música y todo eso. Mira.

Levantó algunas partituras del piano y se las enseñó a Amy y a Nella.

Amy leyó el título, un nombre complicado en francés.

—Ésta es la pieza que sus alumnos cantaron cuando vencimos a los Tomas, ¿no?

—Él dijo que a Grace le encantaba —observó Nella.

—Un recordatorio, chicos —explicó Dan—. Grace escribió que su música le recordaba algo triste.

—Eh... me he perdido —confesó Amy.

—¿Quieres saber a qué rama pertenecemos, Amy? —preguntó Dan—. Bueno, pues es la misma a la que pertenecían mamá y papá, ¿no?

—Sí...

—¡Pues eran M, Amy! Si pudieron reunirse con este líder chino es porque eran M. Y Grace no podía escuchar esta música porque le recordaba a ellos. —El rostro de Dan enrojeció y su rasposa voz se elevaba cada vez más—. ¿Has leído esta portada? ¿La has leído detenidamente? ¿Quieres saber quiénes somos? ¡Pues observa la tercera línea!

«*Mon coeur se recommande à vous*
Orlando di Lasso
Un Madrigal, en cuatro partes»

Madrigal.

Amy parpadeó, tratando de recobrar sus sentidos, y cerró el libro de Grace.

Lo colocó sobre la mesa, boca abajo, y descubrió una foto que alguien había insertado en la contraportada.

Arthur y Hope, que parecían muy jóvenes y felices, rodeaban con sus brazos a un hombre adusto y demacrado.

De la cabeza a los pies, iba vestido de negro.

¿Quieres ser el primero
en encontrar las 39 pistas?

Únete a la aventura y síguela en
www.the39clues.es

Cada uno de los 10 libros de esta colección te desvelará una de las pistas, pero si quieres ser el primero en descubrirlas TODAS y descubrir el secreto de la familia Cahill, ¡deberás resolver las misiones que te proponemos en la página web www.the39clues.es!

Regístrate y entra en el apartado MISIONES. Deberás descifrar enigmas, resolver pruebas y superar divertidísimos juegos.

¡Sólo así conseguirás reunir las 39 pistas!

No te olvides de consultar la página web porque irás encontrando nuevas misiones...

¿Aceptas el desafío?

¡Tú también participas!

Leer es sólo el principio…

Con cada misión que superes y con cada pista que consigas… ¡ganarás puntos!
Acumula todos los puntos que puedas porque podrás ganar premios increíbles y **¡descifrar el gran misterio!**

¿Quieres jugar tú solo o prefieres invitar a tus amigos?

Puedes participar en dos competiciones a la vez: INDIVIDUAL o POR EQUIPOS.
Te damos la oportunidad de resolver tú solo las pistas o crear un equipo del que ¡tú serás el CAPITÁN! Si jugáis juntos, sumaréis los puntos de todos.

Los jugadores individuales y los equipos con mejores puntuaciones… **¡ganarán fantásticos premios!**

No te pierdas ningún título de la serie:

PRÓXIMAMENTE